그녀들의

훔치고 싶은

주방

INTRO
그녀들의 사적인 공간, '주방'을 이야기하다

언제부터인가 집 안에서 나만의 독립된 공간을 찾기란 어려운 일이 되었다. 침실, 서재 겸 남편 방, 아이들 방, 그리고 거실…. 몇 평 되지 않는 공간도 작은 아파트에서는 허락되지 않는다. 결혼하기 전에는 가능했던 '내 방'이라는 공간이 결혼 후에는 불가능하게 된 것이다. 침실도 아이가 태어난 이후로는 아이들과 함께 생활하는 곳으로 바뀐 지 오래. 집 전체를 다듬고 꾸미는 일을 하는 건 분명 나인데 나에게 허락된 공간이 없다니 아이러니가 아닐 수 없다. 그런 의미에서 '주방'은 나에게 잠시라도 혼자만의 시간을 가능하게 해주는 고마운 공간이다. 찌개가 보글보글 끓고 있는 잠깐의 시간에 아일랜드 스툴에 앉아 인터넷을 할 수 있게 하고, 설거지를 말끔히 끝낸 후 달콤한 커피 한잔을 마시며 쉴 수 있도록 해주니 말이다.

내가 주방에 관심을 갖게 된 것은 10년 넘는 잡지 에디터 생활을 접고 2~3년 아이들을 돌본 후였다. 아이들이 어느 정도 크고 나를 위한 시간을 낼 수 있는 여유가 생기면서 눈에 들어온 공간이 바로 별 개성 없이 심플하기만 한 우리집 '주방'이었던 것이다. 생각 같아선 직접 구입한 공구상자부터 꺼내 덤비고 싶었지만, 떡하니 주방 한쪽에 버티고 있는 싱크대에는 뾰족한 답이 없었다. "과연 다른 집들은 주방을 어떻게 꾸미고 살까?" 고백컨데 그 궁금증에 밤잠을 잊어가며 인터넷으로 다른 집 주방 엿보기에 빠지기도 했었다. 그런데 이런 궁금증이 나뿐만이 아닌 듯싶다. 한 주방세제 브랜드의 설문조사에 따르면 주부들이 남의 집을 방문했을 때 제일 먼저 눈여겨보는 곳이 다름아닌 '주방'이라니 말이다.

거실도, 침실도 아닌 주방이라! 그러고 보니 집에서 자신의 공간을 따로 갖기 힘든 주부들에게 주방은 나만의 공간이자, 나만의 응접실, 나만의 조리대다. 어디 그뿐인가, 주방만큼 주부의 공력을 보여 주는 공간도 없을 터. 하루에도 몇 번 요리를 하고, 설거지를 하며 그 많은 부엌살림을 감추어야 하는 그곳이야 말로 주부의 공력이 고스란히 드러나는 곳이다.

최근 주방에는 다양한 인테리어 스타일이 공존하고 있다. 찍어내듯 개성 없이 만들어내던 예전과 달리 집주인의 취향을 살릴 수 있는 다양한 요소를 담고 있는 것. 주방을 꽉 차게 만들었던 싱크대는 점점 부피가 줄어들면서 콤팩트해졌고, 좁은 주방에 어수선하게 들어서 있던 주방 가전들도 시스템화되었다. 여기에 주방에서 사용하지 않던 다양한 마감재를 과감하게 시공하고, 전혀 다른 스타일을 서로 믹스하는 크로스오버 스타일링이 유행하고 있다. 거실이나 침실에서나 등장했던 데커레이션 소품들도 주방으로 옮겨왔다. 주방 한쪽에 있던 식탁도 멀티 공간으로 바뀌기 시작했고, 조리 공간과 식사 공간을 분리해 주는 다이닝 공간을 따로 마련하는 경우도 많아졌다. 단순한 주방이 아닌, 멀티 룸이자 카페 같은 색다른 분위기를 만들어 주는 공간으로 변신한 것. 특히 눈에 띄는 것은 프로가 아님에도 과감히 셀프 DIY로 주방을 꾸미는 주부들도 많아졌다는 점이다. 이렇게 주방이 점점 멋스럽게 진화하고 있다는 사실은 아주 반가운 일이다. 그만큼 안주인의 공간이 집 안에서 중요해지고 있다는 증거니까.

이렇게 해서 나의 따라하고 싶은 '주방 엿보기' 프로젝트는 주방을 모아 책을 내는 것으로 마무리되었다. 이 작업을 하면서 작은 공간이지만 다양한 스타일이 존재하고 있고, 수많은 소품들과 이야기 거리가 있다는 사실에 즐거워졌다. 많은 사람들에게 소개하고 싶다는 생각을 하게 된 것도 이런 이유에서다. 장장 6개월에 걸쳐 찾은 서른여덟 곳의 주방은 각각의 개성이 묻어나는 색다른 이야기를 담고 있었다. 주방마다 그곳만이 가지는 이야기와 소소한 스타일링법, 살림살이 노하우 등을 보는 것만으로도 충분히 즐거울 듯하다. 그리고 주방이 요리만 하는 곳이라 여겼다면, 무엇보다 자신만의 아주 사적인 공간으로 만들어 가길 권하고 싶다. 서른여덟 곳 주방의 그녀들이 그랬던 것처럼.

CONTENTS

훔치고 싶은 그녀들의 주방

002 그녀들의 사적인 공간, '주방'을 이야기하다

PART 1
NATURAL
KITCHEN

010 따스한 햇살이 기분 좋은
내추럴 우드 키친
인테리어 디자이너 김재화의 20평 빌라 구조변경

016 반제품과 셀프 페인팅으로 빛나는
내추럴 키친
패브릭 디자이너 여름의 25평 아파트 부분 시공 & DIY

024 핸드메이드로 나만의
카페를 만들다
핸드메이드 작가 조동희의 25평 아파트 부분 시공 & DIY

030 내추럴에 빈티지를 더한
카페 스타일 키친
인테리어 코디네이터 이충신의 29평 아파트 구조변경

036 원목과 아일랜드로 꾸민
일본풍 내추럴 공간
주부 김민정의 32평 아파트 구조변경

044 내추럴과 빈티지,
로맨틱이 공존하는 공간
회사원 강보숙의 33평 아파트 구조변경

050 내추럴과 앤티크가 만나
새로운 개성을 만들다
주부 김은주의 33평 아파트 부분 시공 & DIY

056 info ❶ 내추럴 주방을 위한 시공 & 스타일링 TIP
058 info ❷ 내추럴 주방 인테리어에 어울리는 숍 LIST

PART 2
SCANDINAVIA
KITCHEN

062 다이내믹한 패턴으로 연출한
북유럽풍 공간
쇼핑몰 CEO 이혜실의 17평 복층빌라 DIY

068 공간별 컬러 감각이 살아 있는 키친
VMD 신경은의 19평 아파트 구조변경

074 북유럽 감성이 묻어나는
갤러리 스타일의 키친
아티스트 한송이의 23평 복층빌라 DIY

080 소박해서 더 아늑한
북유럽풍 주방
마케터 권현진의 25평 아파트 부분 시공 & DIY

086 간결하고 세련된 북유럽에
모던을 입히다
주부 이주헌의 33평 아파트 구조변경

094 자연과 함께 하는 심플 &
빈티지 스타일 키친
주부 이인향의 42평 주택 시공

100 자연과 공존하는 편안함을 담다
인테리어 스타일리스트 최성미의 48평 주택 시공

108 info ❶ 북유럽 스타일 주방을 위한 시공 & 스타일링 TIP
110 info ❷ 북유럽 스타일 주방 인테리어에 어울리는 숍 LIST

PART 3
ROMANTIC ANTIQUE
KITCHEN

114 빈티지 가구와 컬러 소품으로 만든
이국적인 주방
패브릭 디자이너 이정분의 32평 아파트 구조변경 & DIY

120 달콤한 시간을 꿈꾸는 로맨틱 키친
주부 권보경의 34평 아파트 구조변경

126 현대와 과거가 공존하는
빈티지 앤티크 스타일
리모델링 디자이너 배경순의 45평 복층아파트 구조변경

134 빈티지한 매력이 넘치는
레트로 스타일 키친
쇼핑몰 CEO 윤미경의 45평 주택 시공 & DIY

142 격조 있는 다이닝 공간이 매력적인
앤티크 키친
대학강사 정태숙의 51평 아파트 구조변경

148 로맨틱과 앤티크가 만난
크로스오버 인테리어
주부 김경옥의 65평 복층아파트 구조변경

154 info ❶ 로맨틱 앤티크 주방을 위한 시공 & 스타일링 TIP
156 info ❷ 로맨틱 앤티크 주방 인테리어에 어울리는 숍 LIST

PART 4
MODERN
KITCHEN

160 전통과 현대가 만나 개성 있는
공간으로 변신하다
건축설계사 남혜영의 15평 한옥 구조변경

166 독특한 아이디어로
새롭게 태어난 모던 스페이스
주부 박은교의 19평 빌라 구조변경

174 작은 공간을 효율적으로 시공한
모던 주방
프리랜서 이정희의 19평 아파트 구조변경

180 세 가지 컬러로
심플 키친을 완성하다
회사원 김신현의 24평 아파트 부분 시공

186 미니 북 카페를 들인
화이트 모던 키친
회사원 김수진의 24평 아파트 구조변경

192 실용성을 높인
심플 모던 키친
가구 디자이너 노은정의 32평 아파트 구조변경

198 모던과 빈티지가 만난
멀티 플레이 공간
쇼핑몰 CEO 강정은의 34평 아파트 구조변경

204 빈티지와 모던 스타일을 믹스한
올인원 키친
의상 디자이너 김한희의 75평 아파트 구조변경

212 info ❶ 모던 주방을 위한 시공 & 스타일링 TIP
214 info ❷ 모던 주방 인테리어에 어울리는 숍 LIST

PART 5
COUNTRY
KITCHEN

218 DIY 소품으로 재미를 더한
　　내추럴 컨트리 키친
　　주부 김현주의 15평 아파트 부분 시공 & DIY

224 작지만 사랑이 가득한
　　컨트리 키친
　　패브릭 강사 최정숙의 24평 아파트 DIY

230 내 손으로 꾸민 프로방스풍
　　내추럴 키친
　　주부 이지영의 25평 아파트 DIY

236 숲의 향기가 느껴지는
　　에코 컨트리 스타일
　　공부방 교사 김시영의 25평 아파트 DIY

242 리폼으로 완성한
　　프로방스풍 키친
　　인테리어 블로거 이은숙의 32평 아파트 DIY

250 목가풍의 빈티지 컨트리로
　　주방을 색칠하다
　　주부 류정순의 37평 아파트 DIY

258 info ❶ 컨트리 주방을 위한 시공 & 스타일링 TIP
260 info ❷ 컨트리 주방 인테리어에 어울리는 숍 LIST

PART 6
SPECIAL
KITCHEN

264 적재적소에 자리잡은
　　유기적 수납 테크닉
　　noda+ 쿠킹스튜디오

266 몸집을 줄인 싱크대와 아일랜드의
　　세트플레이
　　메이스테이블

268 주방과 외벽 사이에 태어난
　　자연 발효 공간
　　쿠킹스튜디오 수랏간

270 있는 그대로 드러내기
　　수납의 원칙
　　the DISH

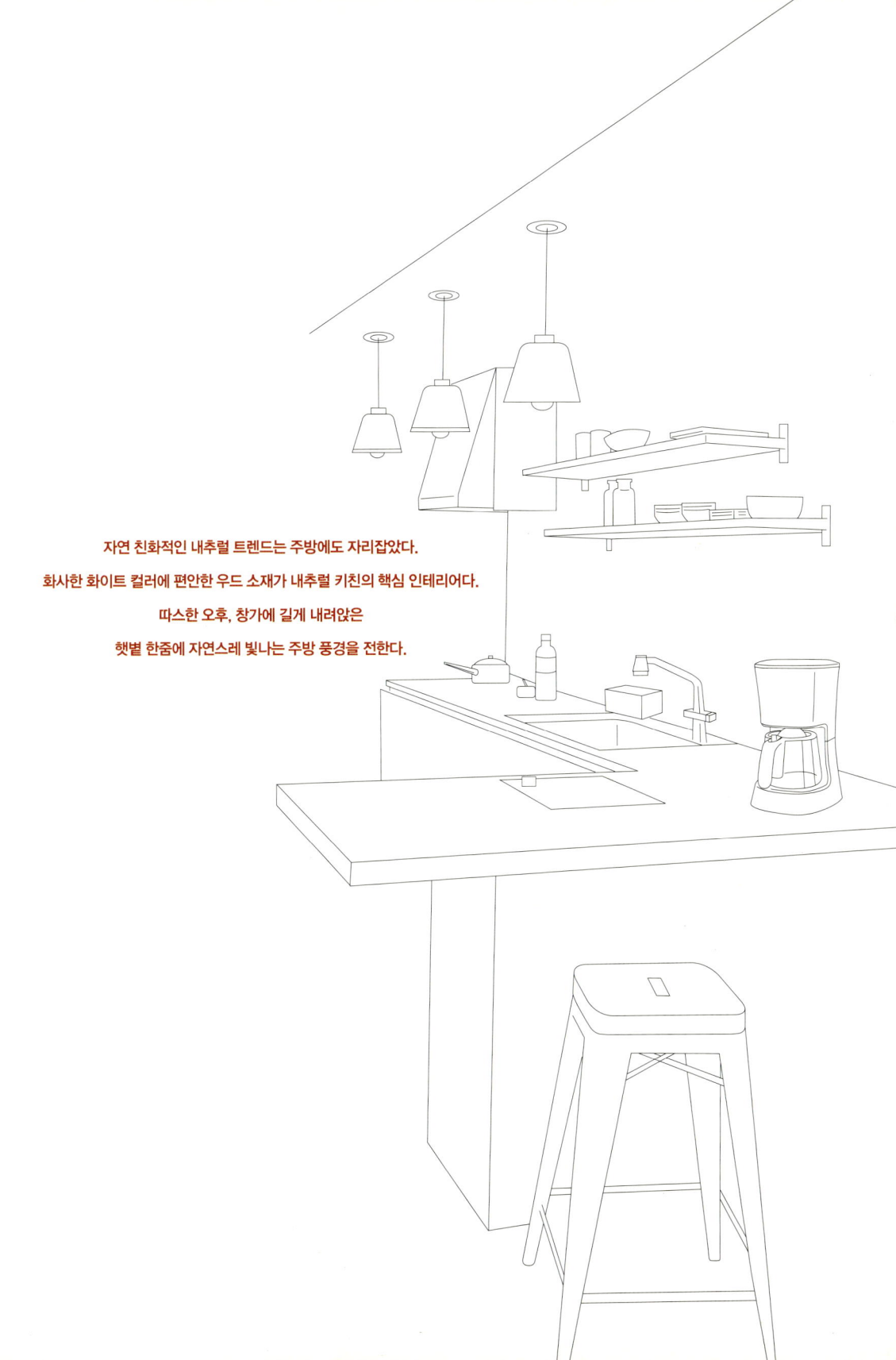

자연 친화적인 내추럴 트렌드는 주방에도 자리잡았다.
화사한 화이트 컬러에 편안한 우드 소재가 내추럴 키친의 핵심 인테리어다.
따스한 오후, 창가에 길게 내려앉은
햇볕 한줌에 자연스레 빛나는 주방 풍경을 전한다.

서울 종로구 부암동 빌라

66m²

인테리어 디자이너 | 김재화

구조변경　부분 시공　DIY

KITCHEN DATA

평형	66m² (20평)
스타일	심플 내추럴
톤	아이보리 + 우드
주방 가구	싱크대 + 선반 + 수납장

따스한 햇살이 기분 좋은 내추럴 우드 키친

멜랑콜리 판타스틱 스페이스 리타 김재화 실장의 집은 드라마 〈커피프린스〉로 유명해진 부암동 언덕에 위치해 있다. 주말이면 북적이다가도 평상시에는 고즈넉한 멋과 여유로움이 느껴지는 동네다. 그녀가 신혼집으로 부암동 빌라를 선택한 것도 이러한 이유 때문. 교통이 다소 불편해도 곳곳에 남아 있는 옛스러움과 사람 향기에 이끌려 단박에 선택했다.

촬영차 찾은 부암동 언덕 위의 집은 지은 지 20년 된 오래된 빌라였다. 세월의 흔적이 고스란히 느껴지는 외관과는 달리 현관을 열자 따사로운 공간이 눈앞에 펼쳐진다. 한눈에 동네가 내려다보이는 큰 창이 있는 거실, 작지만 내추럴하면서 감각적인 주방, 내추럴함이 살아있는 우드 톤의 스타일은 집주인의 남다른 인테리어 솜씨를 단박에 짐작케 한다. 특히 감성적이고 따스한 느낌을 주기 위해 주재료로 선택했다는 원목 소재와 은은하면서도 안정감이 느껴지는 크리미 화이트 컬러의 조화가 돋보인다. 천장과 벽, 바닥까지 컬러를 통일해 평수에 비해 더욱 넓어 보이는 효과도 거두었다. 특히 심플한 옥스퍼드지 등의 패브릭을 많이 사용했는데, 이 역시 편안함을 주기 위해서다. 시공한 지 3년 정도 된 그녀의 집은 그 세월만큼이나 빈티지한 멋이 적당히 더해져 부암동과 잘 어울리는 아늑한 공간이 되었다.

홈페이지 www.spacelita.com

그녀의 주방 베스트

좁은 공간도 넓혀 주는 시공 포인트

1, 2

3

1
좁은 공간에서는 소재나 컬러를 최소화한다

주방뿐 아니라 전체적인 컬러 톤을 통일했다. 크리미 화이트 컬러로 천장과 벽, 바닥을 마감하고, 물푸레나무로 문과 싱크대, 선반, 가구를 제작해 좁은 공간을 더욱 넓어 보이게 했다.

2
슬라이딩 도어로 주방과 거실의 공간 분리

공간 분리를 위해 사용하는 가벽은 좁은 공간에서는 오히려 답답해 보일 수 있다. 이럴 땐 슬라이딩 도어를 설치하는 것도 방법이다. 심플한 화이트 톤에 반투명한 망입유리를 넣어 답답해 보이지 않도록 했다.

3
비어 있던 공간을 활용해 냉장고 두기

그녀의 주방에는 냉장고가 없다. 냉장고를 주방에 두자니 너무 답답해 보일 것 같아 고심하다 현관 옆 빈 공간에 두게 된 것. 거실 쪽에 냉장고를 둔 뒤, 커튼 봉을 달고 패브릭으로 커튼을 달았더니 멋스러워졌다.

6
상부장 대신 오픈형 선반으로 공간 확보

답답한 상부장은 과감히 없애고 큰 사이즈의 원목 선반을 2단으로 달았다. 그릇 수납은 가급적 하부장과 수납장을 이용하고, 선반 위에는 꼭 필요한 것 몇 가지만 올려 두었더니 깔끔하다.

4
큰 창으로 채광 높이기

채광을 높여 주는 큰 창에는 살짝 비치는 소재의 패브릭으로 커튼을 달아 햇살이 주방 곳곳에 들어오게끔 했다. 창 너머로 계절마다 바뀌는 풍경을 감상하는 것도 집주인이 꼽은 작은 즐거움 중 하나.

5
하부장 문은 싱크 스커트로 처리

공간이 좁으면 하부장 문을 열고 닫는 것도 불편하기 십상. 그래서 선택한 것이 싱크 스커트다. 하부장에 문 대신 패브릭으로 마감한 싱크 스커트를 커튼처럼 만들어 달았더니 사용하기도 편리하다.

주방에 식탁을 두지 않고 식탁을 겸할 수 있는 테이블을 거실에 두었더니 좁은 주방 공간을 보다 넓게 활용할 수 있게 되었다.

가스레인지 위 벽에 작은 선반을 달고 자주 쓰는 양념통을 올려놓았다.

구석구석 알차게 활용하는 실용 수납법

상부장이 전혀 없는 주방이라…. 하부장과 수납장, 그리고 선반만으로 수납이 가능할까 하는 의문이 들었지만 실제로 그녀의 주방은 이 3가지만으로도 수납이 확실하게 해결되었다. 처음부터 자신이 가지고 있는 주방 가전과 주방 용품에 꼭 맞춘 수납공간을 계획했기 때문이다. 직접 디자인해 주문한 수납장은 가전제품의 크기에 맞게 콤팩트하게 제작되었으며, 수납장 안에는 철저하게 구획을 나누어 아이템별로 수납을 했다. 원목 선반에는 자주 쓰는 그릇만 두어야 편리하면서도 인테리어 감각을 해치지 않는다.

1 수납장 안은 구획을 나누어 아이템별로 정리하는 게 원칙. 컵, 접시, 밥그릇 등으로 나누어 수납하면 의외로 많은 양을 수납할 수 있다. 수납장 문은 손잡이를 달지 않고 모서리 부분에 공간을 두어 쉽게 열 수 있도록 했다.
2 싱크대 선반 밑에 작은 봉을 달아 수납력 높였다. 선반 밑에 스틸 봉을 달고 고리를 달아 자주 쓰는 컵이나 수저통을 수납했더니 실용적인 수납공간으로 변신했다.
3 수납장을 제작하거나 직접 디자인한다면 주방 가전의 크기에 맞추는 게 좋다. 콤팩트하게 만들면 주방을 보다 넓게 쓸 수 있다. 수납장 위 선반에는 자주 쓰는 그릇과 주방 소품들을 놓아 감각을 더했다.

SHOPPING LIST

싱크대 선반 위 유리잔과 유리병 // 미국 여행 때 뉴욕에서 구입.
수납장 위 식기류 // 일본 여행 때 인테리어 숍에서 구입.
싱크 스커트와 냉장고 커튼 // 캔버스 원단으로 직접 주문 제작.
고리형 수저통 // 이케아(IKEA)에서 1만 원대에 구입.

구조변경 | 부분 시공 | DIY

서울 성북구 돈암동 아파트
82m²

패브릭 디자이너 | 여 름

KITCHEN DATA
평형	82m² (25평)
스타일	내추럴 빈티지
톤	라이트 블루 + 그레이
주방 가구	싱크대 + 식탁 + 수납장
DIY 아이템	싱크대 + 식탁 + 수납장 + 벽 선반 + 두꺼비집 가리개

반제품과 셀프 페인팅으로 빛나는 내추럴 키친

화이트와 블루, 원목 컬러의 조화가 멋들어진 작은 주방. 편안하면서도 감각적인 이 공간은 자세히 들여다보면 집주인의 손길이 미치지 않은 곳이 없다. 급하게 이사를 들어오면서 리모델링은 꿈도 꿀 수 없어 살면서 직접 고쳐 보자 마음먹고 싱크대는 물론 식탁과 수납장, 벽면의 작은 소품까지 직접 만들었다. 살면서 하나씩 고쳐 완성한 공간이라 그런지 조화로우면서도 편안함이 돋보인다.

여름 씨의 내추럴 주방의 묘미는 은은한 주방 벽면 컬러에도 숨어 있다. 내추럴 주방이 밋밋해 보일 수 있다는 우려를 말끔히 씻어낸 것 또한 라이트 블루 컬러의 페인팅 덕이다. 페인팅 컬러는 직접 조색한 것으로 이 컬러를 만드는 데만 꼬박 반나절이 걸렸을 정도로 공을 들였다.

"너무 밝지 않으면서도 차분하고, 세련미가 느껴지는 그런 블루 컬러를 만들고 싶었어요. 블루는 조색을 잘 하면 내추럴 소품과 잘 어울리기 때문에 주방 분위기가 확실히 살아나요." 블로그 blog.naver.com/buza76

그녀의 주방 베스트

반제품과 핸드메이드의 조화

1
시트지 대신 패널을 덧입힌
컨트리풍 싱크대

깔끔한 주방을 그렸기 때문에 싱크대 상부장은 오픈형으로 바꾸지 않고 그대로 두었다. 대신 싱크대 시트지를 벗겨 내고 패널을 붙인 다음 원목 손잡이로 교체해 컨트리한 느낌을 살렸다. 화이트 컬러 싱크대와 원목 손잡이, 그리고 리넨 패브릭은 내추럴 주방 인테리어의 핵심 요소다.

2
페인팅과 샌딩으로 빈티지를 더한
30년 된 원목 식탁

시부모님이 쓰시던 30년 된 식탁을 그녀의 감각으로 재탄생시킨 솜씨에 박수를 보낸다. 살짝 붉은기가 도는 원목 식탁에 페인팅과 샌딩으로 빈티지한 느낌을 더했다. 식탁은 빈티지 화이트로, 의자는 원목 느낌을 그대로 살려 좀 더 감각적으로 보이게 했다. 벤치 의자는 반제품으로 리폼사이트 페인트인포에서 주문해 만들었고, 티크체어 방석 역시 자투리 천으로 만들었다.

4
집안의 온도를 높여 주는 주방 커튼

그녀의 바느질 솜씨가 돋보이는 커튼과 패브릭 덮개, 작은 소품 하나까지도 정성이 들어간 만큼 직접 만든 가구들과 어우러져 따스함을 한껏 뿜어낸다. 패브릭은 주로 온라인 숍 코튼빌에서 구입한다.

3
작은 집을 넓게 만들어 주는 수납장 + 쌀 보관함

조금만 눈여겨보면 알 수 있듯이 여름 씨의 주방 가구에는 기성제품이 별로 없다. 식탁 뒤에 멋스럽게 자리잡고 있는 수납장도 반제품을 주문해 직접 사포질을 하고 스테인을 칠해 완성한 것이다. 그리고 보조 주방에 있는 쌀 보관함과 벽면에 있는 선반, 두꺼비집 가리개, 키 보관함까지 모두 반제품이거나 직접 목재를 구해 만들었다.

5
인테리어 효과를 내는 벽면 선반

작은 소품 하나로도 뜻밖의 인테리어 효과를 낼 수 있다. 아기자기한 그녀의 솜씨를 담은 작은 소품이 놓여 있는 선반은 자투리 목재로 직접 만든 것. 선반 옆 왼쪽 두꺼비집 가리개도 자투리 목재와 패브릭, 그리고 고장난 시계에서 분리한 시계 바늘로 만들었다.

내추럴한 가구들 사이에 레트로풍의 빈티지 조명이 돋보인다. 같은 공간에 한 가지 스타일만 고집하지 않고 다른 스타일을 믹스하면 공간이 한층 더 살아난다.

빈티지 소품과 레트로 조명으로 힘준 공간

주방을 음식만 하는 곳이 아닌 오랜 시간 머물러도 즐겁고 편안한 새로운 공간으로 탄생시키는 데는 색다른 소품의 힘이 필요하다. 여름 씨가 선택한 것은 바로 빈티지 소품. 거실이나 침실에 있어도 잘 어울릴 법한 것들로 주방을 연출하면 집안 전체 인테리어 스타일과 맞물려 통일감을 준다. 살짝 부식된 듯한 양철통이나 빈티지 액자는 주방에도 잘 어울린다. 돈을 들여 모두 살 필요는 없다. 가지고 있던 액자에 페인트를 칠하고 사포질을 살짝만 해주어도 빈티지한 느낌이 난다. 그리고 각종 병을 깨끗하게 씻어 뚜껑만 코르크 마개로 바꾸어 주어도 그 느낌이 색다르다.

빈티지 소품에 맞춘 듯 잘 어울리는 레트로풍의 조명은 주방을 또 다른 공간으로 만들어 준다. 가족이 모두 잠들고 난 후, 은은한 빛을 내뿜는 조명 아래 커피를 마시거나 와인을 마시면서 하루의 일과를 정리하기에 아주 좋다.

"가끔 이 따스한 조명 아래에서 남편과 맥주를 마시거나 와인 잔을 기울여요. 마음속에 있던 이야기를 하거나 소소한 하루 일과를 이야기하는 것만으로도 행복함이 가득 채워지는 것 같아요. 조명 하나만으로도 주방이 색다른 공간이 된다는 게 신기하답니다."

1 작은 우드 액자나 유리병 등은 주방을 색다르게 변신시키는 멋진 소품이 된다. 작은 선반을 달거나 하얀 조각돌 등을 넣어 두어도 산뜻해 보인다.
2 싱크대 위에는 컵이나 작은 티스푼통에 아이비 등의 식물 잎을 넣어 둔다. 물을 담아 두면 시들지 않고 오래가 주방에 활기를 더해 줄 수 있다.
3 패브릭으로 직접 만든 동물모양 인형을 주방 벽 선반에 올려 두면 공간이 훨씬 아늑해진다.

PLUS INFO
여름 씨네 주방 벽 색상 만들기

▶ **조색 비율** : 브라운 + 스카이 블루 + 화이트 (2:1:1)
▶ **조색 포인트** : 스카이 블루 컬러에 브라운 컬러를 섞고 화이트 컬러를 추가하면서 새로운 컬러를 만든다. 따뜻한 느낌의 그레이 컬러를 내기 위해서는 브라운 컬러가 많이 들어간다.
▶ **실패하지 않는 조색 요령** : 원하는 견본 컬러를 조색 페인트와 동일 위치에 놓고 50cm 떨어진 곳에서 빠른 시간 내에 컬러를 비교해 보아야 한다. 형광등 등 조명 아래에서는 전혀 다른 컬러가 나오므로 밤에는 조색 작업을 하지 않는 게 좋다. 처음 칠했을 때보다 말랐을 때 컬러가 좀 더 짙어지는 게 일반적이다. 수성은 수성끼리 유성은 유성끼리 섞어야 하며, 수성은 반드시 화이트 컬러를 섞어야 벽에 잘 붙고 컬러가 제대로 나온다.

20평대 좁은 주방을 살려 주는 핵심 수납법

작은 평수의 주방에서 가장 중요한 것이 수납. 아무리 정리해도 깔끔해 보이지 않는다면 안으로 넣는 수납에 중점을 두어야 한다. 싱크대 상부장과 하부장이 꽉 차 있는 구조라면 싱크대 구석구석 공간 분리를 꼼꼼하게 해 최대한의 수납 효과를 노린다. 먼저 상부장에는 그릇이나 컵 등 식기류를 수납하고 무거운 것은 아래쪽에, 가벼운 것은 위쪽에 넣는다. 아래쪽 일부에는 자주 쓰는 그릇만 따로 구분해 둘 수 있는 파티션을 만드는 게 좋다. 하부장을 좀 더 효과적으로 활용하려면 팬이나 냄비가 쏟아지지 않도록 정리 선반을 두는 게 현명하다. 싱크대만으로 수납이 부족하다면 아일랜드를 마련해 정리하면 수납공간도 확보할 수 있고 조리대나 식탁으로 활용할 수 있어 더욱 유용하다.

1 밀폐용기를 수납할 때에는 용기의 재질별로 유리, 플라스틱 등으로 구분해서 수납한다.
2 싱크대 위에는 자주 사용하는 그릇 몇 개만 두는 게 원칙. 쓰지 않는 접시와 그릇은 접시꽂이와 바구니를 이용해 세워 둔다.
3 그릇 건조대 위에 패브릭을 덮어 두면 먼지를 예방할 수 있을 뿐 아니라 깔끔해 보인다. 빨아 쓰기 좋은 면 소재 패브릭으로 덮개를 만들었다.
4 수납장 속에는 다양한 종류의 바구니나 접시꽂이를 이용해 아이템을 나누어 수납한다.

SHOPPING LIST

수납장 // 페인트 인포 www.paintinfo.co.kr에서 34만 원대에 반제품 구입.
보조주방 문 커튼과 수납장 덮개 // 코튼빌 www.cottonvill.co.kr에서 패브릭 구입 후 바느질.
선반 위 소품 // 직접 만든 강아지 인형 외 모든 소품 남대문시장 수입상가에서 구입.
쌀 보관함 // 선도목재 www.sdwood.co.kr에서 목재 구입.
주방 조명 // 비비나라이팅 www.vivina-lighting.com에서 5만 원대에 구입.

서랍 속은 여러 가지 물건으로 지저분해지기 쉽다. 이때 칸막이가 있는 박스를 이용해 각종 차나 커피, 쿠키 등을 넣어 두면 깔끔하다.

HANDMADE IDEA
MDF 패널과 크림 화이트 페인트로 변신한 오래된 싱크대

준비하기
MDF 패널, 쫄대, 페인트, 사포, 젯소, 바니쉬

만들기
❶ 싱크대 기존 시트지를 모두 벗겨 낸다. 손잡이용으로 있던 철심은 작은 망치로 톡톡 쳐서 뜯어내고 싱크대 전체를 사포로 문지른다. 철심 자리는 크기를 맞춘 쫄대를 본드와 타카를 이용해 붙인다.
❷ 싱크대 크기에 맞게 MDF 패널을 잘라 하나하나 붙여 나간다. 목공본드로 꼼꼼하게 붙인 다음 잘 붙도록 살짝 누른다.
❸ 전체적으로 젯소를 바르고 크림 화이트 페인트를 꼼꼼하게 바른다. 2번 정도 덧발라 주고 완전히 마른 다음 바니쉬로 마무리한다. 우드 손잡이를 달아 주면 완성.
❹ 주방 타일이 더러워졌다면 타일 시멘트를 전체적으로 발라 마르기 전에 타월로 닦아 주면서 줄눈이 작업을 새로 하면 된다. 그 위에 바니쉬를 바른다.

경기 고양시 일산서구 주엽동
아파트

82m²

핸드메이드 작가 | 조동희

KITCHEN DATA

평형	82m² (25평)
스타일	내추럴 컨트리
톤	우드 + 베이지
주방 가구	싱크대 + 식탁 + 수납 선반
DIY 아이템	식탁 + 수납 선반 + 핸드메이드 소품

구조변경 부분 시공 DIY

핸드메이드로 나만의 카페를 만든다

반제품과 핸드메이드 소품으로 가득한, 작지만 아기자기한 이 주방은 핸드메이드 작가로 활동하는 조동희 씨의 신혼집이다. 부부만의 의미 있는 신혼집으로 꾸미기 위해 가구들은 모두 반제품으로 구입해 부부가 뚝딱뚝딱 해결했고, 솜씨 좋은 집주인은 뜨개질과 재봉틀로 아기자기한 소품들을 만들어 냈다. 신혼부부의 정성이 그대로 들어간 공간이라 그런지 소박하면서도 포근하고, 사랑스러움이 곳곳에 묻어난다.

작은 평수의 아파트가 그렇듯 애초 주방 공간은 싱크대만 놓아도 꽉 차는 구조였다. 여기에 냉장고까지 놓으니 시선이 냉장고에 막혀 답답했다. 그 해결책으로 부부는 육중한 냉장고를 가리는 가벽을 설치하고 싱크대는 내추럴한 원목 싱크대를 들였다. 식탁은 신혼부부만을 위한 2인용 사이즈로 선택하고, 식탁 위 벽에는 선반을 달아 안주인의 멋진 솜씨로 만들어진 핸드메이드 작품을 올려 두었다.

덧문을 설치해 프로방스풍의 이국적인 분위기가 물씬 나는 창은 밖을 내다보는 잠시 동안의 여유를 주고, 직접 만든 작은 식탁은 부부만의 오붓한 데이트 장소로 바뀌기도 한다. 이렇듯 작은 공간이지만 어떻게 활용하고 꾸미느냐에 따라 멋스러운 주방이 될 수 있다는 가능성을 이곳에서 찾아볼 수 있을 듯하다.

블로그 blog.naver.com/gmloi   싱크대 시공 홈파리앤 www.parisn.kr

그녀의 주방 베스트

핸드메이드 소품 스타일링

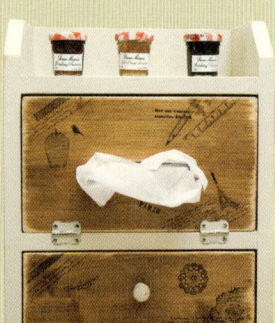

1
부부가 함께 만든 2인용 프로방스풍 식탁

작은 주방을 고려해 2인용 식탁을 반제품으로 구입한 뒤 직접 칠했다. 원목 상판은 스테인으로 칠하고 식탁 다리는 밀크 페인트로, 식탁 의자 역시 스테인을 바르고 바니쉬로 마무리 했다. 전동드릴만 있으면 조립이 간단하다.

2
수납장을 겸한 컨트리 각티슈 보관함

작은 사이즈의 반제품 소품들은 초보자도 쉽게 도전할 수 있다. 수납 서랍이 있는 각티슈 보관함은 조립되어 온 반제품에 스테인과 바니쉬를 칠하고 스텐실로 포인트를 주어 완성했다.

3
빅 사이즈 커트지로 냉장고 가벽에 포인트

리모델링 시 설치한 냉장고 가벽은 부담스러운 냉장고를 가려 주면서 거실과 분리된 공간을 연출해 주었다. 밋밋한 합판 가벽에 빅 사이즈의 커트지를 구입해 간단히 시접박기를 해서 걸어 두었더니 훨씬 아늑해졌다.

4 주방 곳곳에 핸드메이드 소품으로 아늑하게

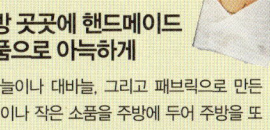

코바늘이나 대바늘, 그리고 패브릭으로 만든 인형이나 작은 소품을 주방에 두어 주방을 또 다른 전시공간으로 만들었다. 앙증맞은 소품은 주방을 환하고 포근하게 만들고, 수시로 분위기를 바꿀 수도 있어 인테리어 효과도 크다.

5 어수선한 주방 용품은 패브릭 가리개로 커버

전기밥솥이나 정수기 등의 주방 가전은 꼭 필요한 아이템이지만 주방 공간을 산만하게 만든다. 커트지를 구입해 간단하게 박음질만 해 주면 예쁜 패브릭 가리개가 된다. 간단한 방법으로 주방을 정돈된 느낌으로 바꿀 수 있다.

매력적인 소품으로 장식과 수납을 동시에 해결

작은 평수의 주방이라 깔끔함을 원칙으로 주방 용품은 드러내지 않았다. 싱크대에도 그 흔한 식기건조나나 상부장에 설치하는 소품 걸이도 없다. 개수대에 부착된 식기건조대에서 건조한 다음 바로바로 싱크대나 수납장 속에 넣는다. 대신 꼭 나와 있어야 하는 주방 용품은 데코하기 좋은 바구니에 수납하거나 예쁜 패브릭을 만들어 살짝 가려 주었다. 부부의 멋진 솜씨를 보여 주는 수납장도 안을 들여다보이는 투명 창을 달아 예쁜 찻잔이 보이도록 했다.

1 반제품을 주문해 페인팅한 내추럴한 반투명 수납장. 반투명 유리가 있는 공간에는 프린트가 예쁜 그릇이나 찻잔을 넣어 수납과 데코 효과를 얻었다.
2 전체적인 인테리어 스타일에 변화를 주고 싶다면 등을 바꿔 보는 것도 좋은 방법. 따스한 분위기의 형광등 위에 감성적인 느낌의 새 모양 장식이 더해져 동화적인 느낌을 준다.
3 작은 창가는 주방에 생기를 불어 넣는다. 창가에 매단 소품 가랜드와 작은 소품들이 창가로 들어오는 햇살과 함께 주방을 더욱 기분 좋은 공간으로 바꾸어 준다.

반제품으로 만든 키친타월 걸이 위에도 아기자기한 소품을 두었다. 미니 사이즈의 화분이 주방을 더욱 싱그럽게 만든다.

핸드메이드 작가의 뚝딱 반제품 만들기

반제품으로 만든 주방 가구와 소품들은 간단한 페인팅과 조립만으로도 근사하고 개성 있는 공간 연출이 가능해 부부가 아끼는 살림살이들이다. 부부는 가구나 소품의 완성도를 높이기 위해 반제품을 만들 때 보다 신경을 쓴다. 페인팅하기 전 샌딩은 기본, 마무리는 꼭 바니쉬로 꼼꼼하게 해준다.

SHOPPING LIST

식탁 // 데코룸 www.decoroom.co.kr에서 11만 원대에 반제품으로 구입.
새 모양의 식탁 등 // 도자기 작가 여기담기 님의 작품으로 5만 원대에 구입.
창가 소품 가렌드 // 남대문시장 수입상가에서 1만 원대에 구입.
창가 나무 소품과 향수병 // 남대문시장 수입상가에서 각각 1만 원대에 구입.
싱크대 위 원목 컵걸이 // 모던하우스에서 1만 원 미만에 구입.

HANDMADE IDEA
스테인과 밀크 페인트로 완성한 내추럴 식탁

준비하기
반제품 식탁과 의자, 스테인, 페인트, 사포, 바니쉬, 페인트 붓

만들기
❶ 분리되어 온 식탁 상판과 다리는 꼼꼼하게 사포질을 한다.
❷ 식탁 상판은 스테인을, 다리는 밀크 페인트를 바른다.
❸ 상판과 다리를 두 톤으로 바를 경우, 겹쳐지는 부분은 마스킹테이프를 발라 한쪽을 먼저 칠해 주고 마른 다음에 떼어 낸다.
❹ 바니쉬를 전체적으로 바르고 완전히 마른 다음, 드라이버로 상판과 다리를 연결한다.
❺ 식탁 의자도 사포질을 한 다음 스테인을 바르고, 바니쉬로 마무리한다.

경기 군포시 부곡동
아파트

95m²

인테리어 코디네이터 | 이충신

KITCHEN DATA

평형 95m² (29평)
스타일 내추럴 빈티지
톤 올리브 그린
주방 가구 싱크대 + 식탁 + 수납장

내추럴에 빈티지를 더한
카페 스타일 키친

스타일리스트 이충신 씨의 집은 여느 20평대 아파트와는 사뭇 다르다. 빈티지한 중문을 열고 들어서면 흔한 아파트 구조와는 달리 넓은 주방에 놀라게 되는데, 이는 그녀가 아파트를 분양받을 당시 마이너스 옵션제를 선택해 직접 인테리어를 하면서 만들어 낸 공간이다. 마이너스 옵션제를 선택함으로써 천편일률적인 아파트에서 벗어나 새로운 구조와 인테리어로 재탄생시킨 것. 더구나 이 덕에 분양가도 낮추어 입주할 수 있었으니 경제적으로도 큰 이득을 본 셈이다.

인테리어 스타일리스트답게 주방에는 그녀만의 감각이 십분 발휘되었다. 좁은 공간은 넓히기 위해 가전제품과 주방 가구의 크기까지 꼼꼼하게 계산했고, 동선이 편리하도록 구조를 만들었다. 평범할 뻔 했던 싱크대는 내추럴하면서도 빈티지스러운 스타일로 바꿨고, 현관과 주방 사이의 가벽을 허물어 아이들과 함께 여유로운 식사 시간을 보내는 널찍한 식탁을 둘 수 있게 되었다. 20평대 아파트에 6인용 식탁이 있는 다이닝 공간이라니! 그녀의 솜씨에 다시 한번 놀랄 따름이다.

그녀의 주방이 특별한 또 한 가지 이유는 주방 벽면을 타일과 우드를 적절히 믹스해 색다른 느낌을 준 것이다. 벽면을 단풍나무 합판으로 둘러싸고 그 아래에 화이트 타일을 시공해 내추럴하면서도 세련된 분위기를 연출했다. 전체적으로 안정감을 주기 위해 싱크대 상판을 다크한 대리석으로 고른 센스도 돋보인다. 주방 가구뿐 아니라 카페같은 주방으로 완성한 데에는 소품의 힘이 크다. 그동안 모아 온 각종 빈티지 그릇과 아기자기한 주방 소품은 작은 보물창고 같은 재미있는 이야기 거리까지 제공한다. 이쯤 되니 인테리어 공사 당시, 집 구경 온 입주민들로 북적였다는 얘기에 고개가 절로 끄떡여진다.

블로그 blog.naver.com/sineeeroom 시공 시니룸인테리어

그녀의 주방 베스트

내추럴 빈티지 포인트

1
**직접 제작한 독특한
내추럴 원목 식탁**

시공 시 현장에서 제작한 식탁은 미싱대와 원목 상판을 이어 만든 것으로 아이디얼한 디자인이 단연 돋보인다. 여기에 많은 사람들도 너끈히 앉을 수 있도록 벤치형 의자와 개인 의자를 함께 매치한 센스도 멋지다.

2
**단풍나무 합판과 이국적인
화이트 타일로 카페처럼**

나뭇결이 그대로 살아 있는 단풍나무 합판과 화이트 타일의 조화가 세련미를 더한다. 타일로만 시공했을 때의 밋밋함을 단풍나무 합판이 커버해 제대로 된 균형감을 보여 주는 부분이기도 하다.

3
**살짝 바랜 듯한
올리브 그린 컬러의 싱크대**

그녀의 주방을 빈티지스럽게 해주는 것은 단연 올리브 그린 컬러의 싱크대다. 살짝살짝 벗겨진 듯한 느낌을 주어 마치 오래 전부터 머물던 주방 같은 분위기를 연출했다. 광택 없이 처리한 싱크대 마감도 더 멋스럽다.

4
**망입유리를 넣은
싱크대 상부장으로 빈티지하게**

키 작은 싱크대 상부장은 카페 분위기를 연출하는 데 큰 몫을 해낸다. 특히 문에 설치한 망입유리는 감각적으로 보인다. 언뜻언뜻 내부에 있는 빈티지한 그릇이 보이는 것도 굿.

5
**원목으로 덧댄 주방 창으로
스타일 더하기**

작은 부분도 그냥 지나치지 않는 그녀의 안목이 돋보이는 코너가 바로 주방 창이다. 원목으로 창 전체를 덧댄 후, 망입유리를 끼워 만든 창은 시골의 작은 주방 창을 연상시킨다. 밀어 올려서 여는 독특한 사용법도 재미있다.

드러내는 것을 두려워하지 않는 감각적인 수납

그녀의 주방이 답답해 보이지 않으면서도 수납공간이 넉넉한 것은 곳곳에 수납 아이디어를 감추고 있기 때문이다. 정면에서 비켜 간 옆쪽에 가벽처럼 수납장을 만든 것이나 주방에서 다용도실로 가는 길에 냉장고를 둔 구조 등이 여기에 해당된다. 그러면서도 키 낮은 상부장 위에 그릇을 수납하거나 내부가 훤히 보이는 오픈형 상부장을 선택해 적당히 드러내는 등 편안함을 더했다. 자연스럽게 수납되어 있는 그릇과 빈티지 소품들은 내추럴한 감각을 더해 더욱 멋스럽게 느껴진다. 싱크대 하부장을 다양한 구조로 만든 점도 실용성을 더해 주는 요소다.

1 싱크대 하부장의 구조를 자세히 보면 다양한 모습을 갖추고 있음을 알게 된다. 가스레인지 아래에는 각종 양념과 오일 등을 넣을 수 있도록 길게 만들어졌고 오븐 아래 공간에는 서랍식으로 만들어 다양하게 수납할 수 있도록 했다.
2 주방을 답답해 보이게 하는 냉장고는 거실과의 사이에 가벽을 만들어 그곳에 두었다. 시선이 냉장고에서 멀어져 자연스레 주방이 넓어 보이고 조리대와의 거리도 멀지 않아 사용하기에도 편리하다.
3 싱크대 왼편으로는 키큰장을 설치했는데 거실과 현관 사이의 가벽 역할까지 해 꽤나 쓸모 있다. 특히 옆면이라 거실에서는 수납장이 잘 드러나지 않는 것도 눈여겨볼 만하다.

SHOPPING LIST

식탁 위 벽시계 ∥ 모던하우스에서 1만 원 미만에 구입.
상부장 위 빈티지 그릇들 ∥ 주로 강남 고속버스터미널 지하상가 구입한 것들.
가스레인지 후드 옆 화이트 법랑 ∥ 남대문시장 수입상가에서 2만~3만 원대에 구입.
주방 창가 레드 시계 ∥ 모던하우스에서 1만 원 미만에 구입.

인테리어 효과가 있는 소품은 드러내고, 복잡한 주방 용품은 안으로 넣으니 잘 꾸며진 모델하우스를 보는 듯 멋스럽다.

서울 동작구 상도동
아파트

105m²

주부 | 김민정

구조변경 | 부분 시공 | DIY

KITCHEN DATA

평형 105m² (32평)
스타일 재패니즈 내추럴
톤 화이트 + 우드
주방 가구 싱크대 + 아일랜드 + 수납장

원목과 아일랜드로
꾸민 일본풍 내추럴 공간

김민정 씨의 주방은 카페처럼 멋지면서도 실용적이어야 한다는 원칙에 따라 탄생한 공간이다. 그녀가 원했던 콘셉트는 일본풍의 내추럴 스타일. 집을 원하는 스타일로 만들기 위해 인테리어 시공업체 선정에만 몇 달을 보내야 했다. 오랜 기다림 끝에 인테리어 시공뿐 아니라 다양한 가구와 소품까지 한꺼번에 구입할 수 있는 시공업체를 선정해 인테리어 스타일링을 통일시킨 것도 이 집의 매력이다.

인테리어 콘셉트는 원목을 메인 소재로 잡고 화이트 컬러를 더해 자연스러움을 강조하는 스타일. 상부장 대신 넣은 원목 선반과 상판은 주방 인테리어의 포인트가 되고, 주방 전면에 보이는 보조주방으로 통하는 여닫이문은 카페 느낌을 준다. 싱크대 맞은편 공간을 가득 채운 수납장은 넉넉한 수납공간을 배려한 아이디어다. 이런 노력 덕분인지 실용성 또한 떨어지지 않는 색다른 스타일로 바뀌었다.

"가장 신경을 썼던 부분이 바로 상부장을 없애는 거였어요. 상부장이 없어도 수납공간을 따로 만들면 수납을 해결할 수 있다는 자신감이 있었죠. 대신 인테리어 효과를 더 고려해 선택했어요. 자주 꺼내 쓰는 그릇이나 찻잔 등을 올려 둘 수 있어서 실용적이고요. 무엇보다 제가 원하던 카페 같은 주방 공간이 만들어진 것 같아 좋아요." 시공 bplusM www.bplusm.co.kr

그녀의 주방 베스트

유니크 시공 아이디어

1
**아일랜드 위 인덕션레인지로
가족과 함께 하기**

조리 시간을 가족과 함께 하기 위해 생각해 낸 아이디어가 바로 아일랜드 위의 인덕션레인지다. 딸을 위한 이유식을 만들 때도 아이를 직접 볼 수 있어 안심이고, 식사 시에는 간단한 요리를 직접 끓이면서 먹을 수 있어 더욱 좋다고. 손님이 많이 초대한 특별한 날에는 조리공간으로도 활용도가 아주 높아서 만족스러운 편.

2
**원목 여닫이문으로
햇살 들이기**

기존에 있던 보조주방 연결문은 밋밋하면서 인테리어 효과는 전혀 기대할 수 없었던 새시 문이었다. 그래서 선택한 것이 반투명창을 단 원목 여닫이문이다. 우드를 메인 아이템으로 정한 주방 인테리어 원칙에 따라 원목으로 문을 짠 다음, 채광을 위해 반투명 창을 달았다.

3
거실로 옮긴 다이닝 공간으로 색다른 분위기 만들기

리모델링 설계를 의뢰할 당시 가장 신경을 쓴 공간 중 하나가 다이닝 공간이었다. 넓지 않은 아파트에서 다이닝 공간을 따로 만든다는 것은 어려운 시도였지만, 거실 베란다를 확장한 후 이전부터 사용하던 원목 테이블을 들이고 감각적인 등을 달았더니 놀라울 만큼 멋진 공간이 탄생했다.

4
보조주방에 만든 미니 세탁실

보조주방은 흔히 냉장고나 각종 주방 소품들을 넣어 두는 간이 창고로 쓰이는 경우가 많다. 하지만 미니 세탁실로 바꾼 민정 씨의 재치 있는 아이디어가 실용적이면서도 색다른 공간으로 만들었다. 손빨래를 할 수 있는 미니 세탁 싱크대를 설치하고 수납장을 넣어 수납공간도 늘였다.

5
상부장 대신 원목 선반으로 답답함 덜기

주방을 좀 더 넓어 보이는 효과를 주기 위해 과감히 없앤 상부장. 수납공간이 부족하지 않을까 하는 걱정은 기우였다. 오히려 자주 쓰는 그릇을 쉽게 꺼내 쓸 수 있고 인테리어 효과도 높아서 주방 공간 중에 가장 마음에 드는 부분이기도 하다.

6
천정 몰딩 제거해 높이 확보

공간이 답답해 보이던 낮은 천장은 주방뿐 아니라 집 전체의 천장 몰딩을 없애 해결했다. 이후 벽지 대신 화이트 페인트를 칠했더니 공간도 훨씬 넓어 보이고 이국적여 보인다.

1 오픈된 선반에 와인이나 스파게티 병, 그리고 예쁜 디자인의 컵을 두면 주방 스타일링 포인트가 된다.
2 칸이 많은 라탄장을 보조주방에 두어 지저분한 소품을 넣어 두었다. 쉽게 꺼내 쓸 수 있고 내용물도 간편하게 확인할 수 있어 더욱 실용적이다.
3 수납력도 높이면서 주방이 답답해 보이지 않도록 하기 위해 오픈 수납장은 키를 낮췄다. 화이트와 원목으로 주방 인테리어에 통일성을 주었다.

서랍장을 칸칸이 사용하면 자주 쓰는 주방 소품들을 좀 더 체계적으로 수납할 수 있다.

곳곳에 숨은 공간 활용 수납법

민정 씨의 주방에서 돋보이는 것 중 하나가 바로 수납공간이다. 그녀의 주방에는 큰 공간을 차지하는 상부장이나 키 큰장 대신 주방 곳곳 의외의 공간에 수납공간이 자리잡고 있다. 먼저 싱크대 맞은편에는 오픈된 수납장을 짜 넣었다. 마치 책장을 보는 듯한 오픈 수납장은 그릇이나 각종 소품, 그리고 전자레인지까지 들어가는 공간 활용도가 높은 아이템이다. 아이가 크면 아이가 자주 보는 책을 꽂아 주방에서도 책을 볼 수 있는 재밌는 공간으로 활용할 계획이다.
쿡탑 아래에는 서랍식 장을 넣었는데 컵이나 접시 등을 좀 더 쉽게 보관하기 위한 아이디어다. 그리고 싱크대를 제작할 당시 아일랜드 하부에 와인이나 스파게티 병 등을 넣을 수 있는 미니 선반을 의뢰해 아이템에 꼭 맞는 맞춤 수납공간을 만들었다.
보통 빈 공간으로 남게 되는 냉장고 위에도 따로 선반을 만들어 부피가 큰 주방 소품을 넣은 후, 컬러감이 있는 패브릭으로 가리는 센스를 발휘했다. 이렇듯 곳곳에 남는 공간이 없도록 활용도를 높였기 때문에 전체적으로 심플해 보이면서도 수납공간은 부족하지 않은 실용적인 주방이 완성되었다.

손빨래를 할 수 있는 미니 싱크대와 세탁물함,
라탄 수납장을 깔끔하게 매치한 센스가 돋보인다.

다이닝 테이블 위에 독특한 오브제 등을 설치해 마치 갤러리에 온 듯한 느낌을 준다.

내추럴하면서도 감각적인 실용 소품으로 포인트

우드와 화이트를 메인 컬러로 잡을 때는 1~2가지 포인트 컬러를 더해야 공간이 지루해지지 않는다. 민정 씨는 이 점을 보완하기 위해 튀지 않는 컬러감이 돋보이는 소품들을 매치해 감각을 더했다. 주방과 다이닝 공간을 연결하는 거실에는 우드 프레임의 모던 패턴 액자를 두어 갤러리 같은 분위기를 주었다. 옅은 옐로와, 블랙, 톤다운 된 그린 컬러가 어우러진 컬러감이 세련된 느낌을 주면서도 편안해 보인다. 벽에는 우드 선반을 두고 목가풍의 프린트가 들어간 우드 박스와 책을 무심한 듯 매치했다. 이 스타일링은 애써 신경 쓰지 않은 듯 하지만 꼼꼼하게 공을 들인 소품 매치법이 숨어 있다. 책을 선반에 둘 때에도 세워 두는 것과 눕혀 두는 것을 적절히 섞고, 컬러감 있는 화분이나 다른 소품을 두어 시선이 머물 수 있게 했다. 민정 씨의 주방이 햇살 때문이 아니더라도 유난히 밝아 보이는 이유는 바로 주방 등에 있다. 싱크대 맞은 편 벽을 환하게 밝히면 주방이 넓어 보일 수 있다는 인테리어 효과에 착안한 것. 주방 벽을 밝힐 수 있도록 따로 각도 조절이 가능한 스포트라이트를 설치했다.

1 전체 인테리어 스타일에서 살짝 벗어나는 소품을 매치해 시선을 모은다. 모던한 느낌의 바 스툴이 내추럴한 공간에 포인트를 준다.
2 우드 선반 위에는 심플한 것보다는 프린트가 있거나 컬러 포인트 소품을 두는 게 멋스럽다. 여러 가지 소품을 올려놓아도 전체적으로 통일감이 느껴진다.
3 오일병 하나만으로도 색다른 인테리어 소품이 될 수 있다. 다른 크기의 오일병을 같이 두는 방식으로 변화를 주는 것도 방법. 오일병 안에 아이비 등의 식물을 넣어 두면 훨씬 생동감이 든다.

SHOPPING LIST

다이닝 테이블 // THE DIY www.thediy.co.kr에서 목재 주문 후 직접 제작.
아일랜드 바 스툴 // 숍 bplusM www.bplusm.co.kr에서 시공 시 함께 주문.
보조주방 빨래 보관함 // 아이컴퍼니 www.icompany.tv에서 개당 5천 원대에 구입.
오일 병 // 남대문시장에서 1만원 미만에 구입.
거실 벽 액자 // 숍 bplusM www.bplusm.co.kr에서 시공 시 함께 주문.

충남 아산시 배방읍 아파트

109m²

회사원 | 강보숙

구조변경 | 부분 시공 | DIY

KITCHEN DATA

- **평형**: 109m² (33평)
- **스타일**: 빈티지 내추럴
- **톤**: 화이트 + 핑크
- **주방 가구**: 싱크대 + 식탁 + 수납장 + 보조주방 싱크대

내추럴과 빈티지, 로맨틱이 공존하는 공간

화이트 컬러의 오픈형 문을 열고 들어서면 마치 프로방스의 어느 살림집에 와 있는 듯한 이국적인 주방이 등장한다. 내추럴과 빈티지, 그리고 로맨틱 스타일이 섞여 전혀 새로운 감각을 보여 주는 이곳은 주방이라기보다 잘 꾸며진 어느 소품 숍에 온 듯하다. 창밖으로 보이는 숲과 하늘이 그대로 보이는 거실 데크와 주방까지 환하게 밝혀 주는 햇살이 있어 아파트라는 생각이 전혀 들지 않는다.

집 안 구석구석을 살필수록 현대적인 아파트를 이렇게 멋들어진 프로방스풍 빈티지 주방으로 바꿔 놓은 집주인의 세심한 살림 솜씨가 더 궁금해졌다. 아기자기한 소품들로 인테리어 화보집에 나올 듯한 공간으로 만들어 놓았을 뿐만 아니라 정리정돈까지 깔끔했다.

따뜻하고 아늑한 공간으로 만들고 싶었던 강보숙 씨는 주방을 구조변경하면서 무엇보다 먼저 거실과 독립된 공간으로 만들기 위해 오픈형 문과 아치형 가벽을 함께 설치했다. 이렇게 하니 가벽만 있을 때보다 공간이 확실히 분리되고, 문만 있을 때보다 답답함이 덜하다. 싱크대는 상부장을 달지 않고 대신 로맨틱한 핑크 타일로 사랑스러움을 강조했다. 싱크대 맞은편에는 친정어머니께 물려받은 50년이 넘은 빈티지 그릇장을 두어 수납을 해결하고, 주방 중앙에는 가족들이 편안하게 식사를 할 수 있는 다이닝 공간을 만들었다. 보조주방도 내추럴한 소품으로 꾸며 또 하나의 볼거리를 마련했다. 이렇게 정성스레 꾸며진 주방은 북향에 위치해 있지만 전혀 차가운 느낌이 들지 않을 정도로 포근하고 안락한 공간으로 가족들의 사랑을 독차지하고 있다.

블로그 blog.naver.com/jjang9m

그 녀 의 주 방 베 스 트

믹스매치 스타일링

1
**핑크 컬러 타일로
사랑스러운 공간으로 변신**

화이트 싱크대 위 타일은 핑크 컬러로 선택해 로맨틱하고 아늑한 분위기로 연출했다. 타일 중간중간에 플라워 프린트의 타일을 포인트로 넣어 프로방스 느낌도 함께 냈다. 가스레인지 후드까지 타일을 입힌 것이 독특하다.

2
**내추럴한 공간으로 변신한
보조주방**

아파트를 분양받았을 때부터 있었던 보조주방의 싱크대는 리모델링을 하면서 합판을 덧대고 페인팅을 했다. 자연스러운 내추럴 스타일로 바뀌면서 밋밋했던 보조주방이 훨씬 멋스러워졌다. 그 위에 빈티지 소품을 올려 믹스매치했다.

3
로맨틱 벽 조명과
내추럴 목문의 믹스매치

로맨틱한 벽 조명은 벽에 장식적인 효과를 주면서 은은한 불빛이 더욱 아늑하게 만들어 준다. 내추럴 스타일의 목문과 어우러져 더욱 이국적인 분위기. 화이트 컬러로 통일해 서로 다른 스타일이 서로 부딪히지 않는다.

4
프로방스풍으로 한껏 멋을 낸
아치형 가벽

아치형 오픈 가벽에는 빈티지 소품으로 프로방스풍으로 꾸몄다. '카페 루시'라고 적힌 푯말이 컨트리하다. 언뜻언뜻 나무의 느낌이 드러나는 페인팅 기법도 빈티지한 편안함을 준다.

5
식탁과 그릇장은
빈티지 스타일로 맞추기

식탁과 넓은 그릇장은 낡아서 멋이 나는 빈티지 가구로 통일했다. 50년이 넘은 그릇장은 브라운 컬러에서 화이트로 페인팅해서 리폼한 것. 식탁은 리모델링 당시 시공업체에서 직접 제작한 것. 화사한 주방 컬러에 맞춰 모두 화이트로 통일.

오래된 그릇장과 보조주방을 이용한 정리식 수납

복잡하게 드러나는 것을 좋아하지 않는 집주인은 대부분의 그릇과 주방 용품을 빈티지 그릇장과 보조주방의 싱크대에 넣어 두었다. 상부장이 없어도 큰 사이즈의 그릇장과 보조주방, 그리고 하부장 덕에 충분한 수납공간이 생겨 수납에 무리가 없다. 대신 정리는 꼼꼼하게 하는 편이다. 사용하기 쉽도록 아이템별로 위치를 정해 두고 크기와 모양별로 정리한다. 식탁에도 간단한 주방 용품을 수납할 수 있도록 서랍을 만든 게 독특하다.

1 서랍이 있는 식탁으로 수납 아이디어를 더한 센스가 돋보인다. 서랍 안에는 테이블 세팅에 필요한 냅킨이나 포크, 나이프 등이 들어 있다. 바로바로 꺼내서 테이블 세팅을 하는 데 편리하다.
2 보조주방 벽면에는 비비드 컬러의 냄비와 팬을 걸어 색다른 느낌을 주었다. 화이트 벽과 문에 포인트 컬러가 더해져 색다르다. 빈티지 그림 위에 못을 박아 걸어 둔 센스가 남다르다.
3 보조주방에 있는 미니 싱크대는 자질구레한 주방 용품을 넣어 둘 뿐만 아니라 전기오븐과 압력밥솥 등 소형 주방 가전을 놓아 두는 데 사용한다. 세탁기 위에는 바구니를 두고 세탁세제를 수납하고, 보일러와 분리 수납함이 있는 공간은 커튼지를 이용해 살짝 가려 주었다.
4 타일이 있는 인덕션레인지 위 벽에는 흡착식 정리걸이를 두었는데 간단한 주방 용품을 집게에 꽂아 두기에도 좋다. 평소 레시피가 적힌 메모나 잡지 스크랩을 꽂아 두고 요리할 때 이용한다.

SHOPPING LIST

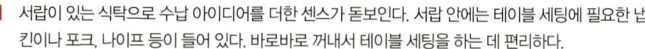

가벽 선반 위 원두 그라인더 // 빈티지 온라인 쇼핑몰에서 구입.
보조주방 커튼지 커튼 // 네스홈 www.nesshome.com에서 원단 구입.
빈티지 그릇과 찻잔세트 등 식기 // 해외 온라인 쇼핑몰에서 직접 구입.
보조주방 벽 냄비와 팬 // 온라인 숍에서 모두 합쳐 10만 원대에 구입.

그동안 모아 온 각종 그릇과 찻잔세트 등은 빈티지 그릇장에 꼼꼼하게 수납했다. 친정엄마에게 물려받은 오래된 그릇장이 페인팅과 레이스 패브릭으로 멋스럽게 변신했다.

인천 서구 불로동
아파트

109m²

주부 | 김은주

KITCHEN DATA

평형	109m² (33평)
스타일	내추럴 앤티크
톤	화이트 + 브라운
주방 가구	싱크대 + 식탁 + 수납장 + 그릇장
DIY 아이템	선반 + 패널 벽 + 트레이

구조변경 | 부분 시공 | DIY

내추럴과 앤티크가 만나 새로운 개성을 만들다

지금으로부터 8년 전, 김은주 씨가 처음 전세로 이곳에 왔을 때만 해도 주방은 옥색 싱크대로 꽉 찬 공간이었다. 보기만 해도 칙칙했을 뿐 아니라 기능적인 면도 무시한 구식 스타일이었다. "스테인리스 싱크대 상판은 낡아서 엉망이었고, 싱크대에 부착된 간이 식탁이 거실을 향해 바라보고 있었죠. 그 식탁 위쪽으로는 유리문이 있는 주방 장식장이 있었고요."

만약 당시 주방 상태가 괜찮았더라면 지금의 인테리어 감각을 갖게 되지 못했을 거라는 그녀. 그도 그럴 것이 옥색인 주방을 조금만 바꿔 보겠다며 싱크대 리폼을 시작한 것이 셀프 인테리어 모델하우스를 방불케 하는 지금에 이르렀다. 전세로 시작한 집이 내 집이 되면서부터는 좀 더 본격적으로 주방 인테리어를 자신만의 스타일에 맞춰 변신시켰다. 칙칙했던 싱크대는 화이트 톤의 싱크대로 교체하고, 거실과 주방 사이에 가벽도 시공업체에 의뢰해서 설치했다. 벽지가 있었던 주방 벽을 옹이나무 패널을 구입해 붙여 주고 그 위에 페인팅을 하면서 주방 분위기는 점점 화사해졌다. 이후 반제품 수납장을 직접 만들고, 선반을 달고, 주방 창에 목문을 붙이면서 주방 가구도 직접 만들었다.

내추럴 & 컨트리 스타일로 시작한 주방 인테리어는 아이들이 자라듯 수년이 흐르면서 스타일에도 변화가 생겨 지금의 내추럴 & 앤티크 스타일이 되었다. 점점 앤티크 아이템이 좋아지면서 소품을 모으고, 오래된 그릇장을 들이면서 앤티크 스타일이 더해진 것. 영국 빈티지 앤티크는 요즘 그녀가 꼽는 최고의 스타일이다.

블로그 blog.naver.com/wwwnuskin

그녀의 주방 베스트

크로스오버 스타일링

1
심플 내추럴 화이트 싱크대와 가벽

화이트 싱크대에는 원래 철 손잡이였는데 내추럴한 느낌을 주고 싶어 원목 손잡이를 구입했다. 그런 다음 내추럴 컬러로 페인팅해서 좀 더 자연스러운 스타일로 바꾸었다. 가벽은 심플한 화이트 원목으로 어닝을 함께 달아 컨트리한 분위기를 더해 주었다.

2
주방 스타일을 결정짓는 앤티크 그릇장

그녀의 주방에 들어서면 사실 내추럴한 분위기보다는 앤티크 스타일에 시선을 빼앗기게 된다. 다크 브라운 컬러의 묵직한 앤티크 그릇장과 식탁 때문. 그녀는 묵직한 주방 가구에 산뜻한 파스텔 톤의 코니쉬 웨어 라인을 데커레이션해 무거운 느낌을 덜어 냈다.

3
햇빛 가득한 베란다에 미니 테이블 두기

거실과 이어지는 베란다 공간에 작은 테이블과 의자를 놓아 가족들이 잠시 쉴 수 있는 미니 다이닝 공간을 만들었다. 화이트 컬러의 가구와 패브릭이 블루 컬러의 수납장과 어우러져 더욱 산뜻해 보인다.

4
**화이트 벽돌과 어닝,
커튼으로 더 화사하게**

보조주방으로 이어지는 곳에 통유리 문을 세워 주방의 채광을 높였다. 벽과 선반, 목문, 어닝, 커튼까지 모두 화이트 컬러로 통일해 공간을 더 밝고 환해 보이게끔 연출했다. 통유리로 들어오는 햇살도 로맨틱함을 더한다.

5
**우드 선반과 패널 벽으로
내추럴하게**

앤티크 그릇장과 식탁이 주방 가구에 있어 큰 부분을 차지하는 만큼 주방 벽은 좀 더 밝고 내추럴한 분위기가 필요하다. 패널 벽과 우드 선반을 화이트 컬러로 페인팅해 산뜻한 느낌을 더했다.

6
**가벽에는 빈티지 자수 커튼으로
색다르게**

가벽의 다른 한쪽에는 테이블보를 리폼한 자수 커튼이 로맨틱한 감성을 일으킨다. 테이블보를 가벽 크기에 맞춰 자르고 박음질해서 커튼으로 만든 것. 가벽의 양쪽을 다른 스타일의 커튼으로 스타일링한 감각이 흥미롭다.

1 주방을 로맨틱하게 만들어 주는 샹들리에는 사용하면서 한 번의 리폼 과정을 거친 것. 지루해진 샹들리에에 핑크색 페인팅을 하고 빈티지 스타일로 만들기 위해 살짝 벗겨진 느낌을 더해 주었다.
2 베란다 공간은 벽돌 모양의 시트지로 내추럴함을 더했고, 사용하지 않는 컴퓨터장의 손잡이만 바꿔 보조 주방의 수납장으로 활용 중이다.
3 작은 벽 장식 소품이 힘을 발휘하는 순간이다. 앤티크 벽 촛대는 매력적인 블루 컬러와 레이스 패브릭으로 여성스러움과 우아함을 표현했다. 앤티크 카페의 벼룩시장에서 저렴한 가격에 구입한 것.
4 무겁거나 컬러풀한 앤티크 소품들 사이에 잠시 쉬어 가는 공간을 주기 위해 화이트 톤의 빈티지한 법랑 소품을 골랐다.

고가라 구입을 망설였던 스테인드글라스 액자는 직접 만들었다. 스테인드글라스 물감을 따로 구입해 도전했다. 따라하고 싶은 모델을 정해놓고 만들면 훨씬 쉽다고.

평범한 공간에 빈티지와 앤티크로 스타일을 입히다

주방 한켠을 가득 메우고 있는 앤티크 그릇과 찻잔세트, 그리고 빈티지 소품들은 그녀가 요즘 가장 사랑하는 소품이다. 사랑스러운 컬러나 로맨틱한 패턴이 들어간 빈티지 찻잔세트는 특히 아끼는 것. 대부분의 앤티크 그릇과 소품은 인터넷 앤티크 카페의 벼룩시장을 이용하거나 외국에 거주하는 이웃 블로거들을 통해 구입한다고. 여기에 그녀가 직접 만든 소품들로 적절하게 조화를 이루면서 내추럴한 감성이 살아났다.

HANDMADE IDEA-1
멋스러운 화이트 빈티지 수납장

준비하기
반제품 수납장, 화이트 페인트, 바니쉬, 사포 등
만들기
❶ 리폼사이트에서 주문한 반제품 수납장을 설명서대로 꼼꼼하게 조립해 준다. 전동드릴을 이용해 조립하면 편리하다.
❷ 사포질을 해 준 다음, 화이트 페인트로 꼼꼼하게 바른다. 컬러감을 높이기 위해 물을 많이 섞지 않고 바르는 게 포인트.
❸ 페인트가 완전히 마르고 나면 바니쉬를 발라 마무리한다.
❹ 바니쉬가 마르고 난후 한 번 더 사포질을 한다. 여러 번 반복해서 해주어야 자연스러운 빈티지 느낌이 살아난다.

HANDMADE IDEA-2
내추럴 키친룸으로 만들어 준 어닝

준비하기
반제품 어닝, 화이트 페인트, 전동 드라이버, 바니쉬 등
만들기
❶ 리폼사이트에서 반제품 어닝을 주문한다. 주방 가벽에 맞추려면 보통 2세트 정도 주문하면 된다.
❷ 어닝 틀과 지지대를 연결해 주고, 2개 세트가 이어질 수 있도록 서로 연결시킨다. 이때 전동 드라이버로 나사를 돌려 주면 편리하다.
❸ 어닝 나무판을 설명서대로 고정시켜 주고 사포질을 한다.
❹ 화이트 페인트를 꼼꼼하게 바르고 마르고 나면 바니쉬로 마무리한다.
❺ 꺽쇠를 이용해 가벽 부분에 고정시키면 완성.

SHOPPING LIST

화이트 수납장 // 나무이야기 www.namuiyagi.com에서 10만 원대에 반제품 구입.
레일등 // 비비나라이팅 www.vivina-lighting.com에서 5만 원대에 구입.
식탁 위 샹들리에 // 쇼핑몰 G마켓에서 7만 원대에 구입.
쌀 보관함 // 포홈 www.forhome.co.kr에서 10만 원대에 구입.

NATURAL KITCHEN
전문가 어드바이스

내추럴 주방
시공 & 스타일링 TIP

● **도움말** 김재화 실장(멜랑콜리 판타스틱 스페이스 리타), bplusm(www.bplusm.co.kr)

시공 싱크대

싱크대용 목재는 용도별로 구분해서 선택

싱크대에 우드 상판이나 오픈식 상부장, 선반을 설치할 경우 목재의 특성을 고려해 용도별로 구분해야 한다. 주로 하자율이 적은 자작나무 합판이나 컬러감이 밝은 파인 계열을 사용하는데, 자작나무 합판은 심플하고 모던한 이미지를 주기에 좋고 원목은 좀 더 내추럴한 분위기를 연출하기에 좋다. 레드 파인 원목의 경우 두께감이 있어 선반을 제작할 때 많이 활용된다.

하이글로시보다는 무광택 소재의 싱크대

하이글로시 소재는 딱딱하고 차가운 분위기가 나기 때문에 내추럴 스타일과는 잘 어울리지 않는다. 광택이 없고 화이트 톤의 깔끔한 싱크대를 고르는 것이 좋다. 싱크대 손잡이도 메탈보다는 우드나 도자기 등의 소재가 따뜻하고 부드러운 느낌을 준다.

시공 바닥재와 벽

바닥재는 우드나 작은 사이즈의 타일로

주방 바닥을 우드 소재로 하면 보다 따뜻하고 아늑해 보일 수 있다. 타일이나 대리석은 깨끗하고 밝은 느낌을 줄 수 있어 좋지만 어린 아이가 있다면 안전상 문제를 다시 한번 체크해 보아야 한다. 대신 열전도율이 높아 겨울에는 따뜻하고 여름에는 시원하게 즐길 수 있다는 장점이 있다. 작은 평수의 주방일 경우에는 작은 사이즈의 타일을 골라야 넓어 보이는 효과를 줄 수 있다.

스타일링 컬러와 톤

전체적인 컬러는 1~2가지로 통일
주방은 여러 가지 주방 용품이나 소품들로 인해 복잡해질 수 있는 공간이기 때문에 여러 가지 컬러를 혼합하게 되면 더욱 산만해진다. 처음 인테리어 스타일링 계획을 세울 때, 베이스 컬러를 정하고 여기에 매치할 컬러를 1~2가지 정해 두도록 한다. 내추럴 콘셉트와 잘 어울리는 컬러는 아이보리나 스카이 블루, 화이트 등이다.

내추럴 주방에 포인트 조명 하나 두기
심플해서 깔끔하지만 자칫 밋밋해 보일 수 있기 때문에 조명은 굳이 내추럴하지 않아도 된다. 로맨틱 혹은 빈티지 등 다른 스타일의 디자인을 고르면 훨씬 감각적으로 보일 수 있다. 대신 포인트 조명과 메인 조명을 구별해 나누어 설치하는 것이 좋다. 대부분 포인트 조명은 은은한 불빛이 많아 조리 시 불편할 수 있어 밝은 메인 조명을 따로 설치해야 한다.

페인팅은 화이트 또는 은은한 파스텔 계열
내추럴 스타일로 싱크대를 바꾸고 싶다면 우선 싱크대 페인팅을 한 가지 컬러로 정하는 게 좋다. 화이트나 은은한 파스텔 계열이 잘 어울리고, 무광으로 선택한다. 그리고 손잡이를 내추럴 스타일로 바꿔 주는 게 가장 중요한 데 우드 소재로 골라야 스타일이 살아난다.

스타일링 주방 가구와 소품

작은 평수일 경우, 거실에 원목 식탁 겸 테이블 놓기
주방을 넓게 사용하고 싶다면 다이닝 공간을 거실로 옮기는 것도 방법이다. 원목 소재의 식탁 겸 테이블을 거실에 두면 내추럴 스타일을 거실로 옮겨올 수 있다. 이때 거실도 주방과 마찬가지로 내추럴 소품으로 스타일링해야 집 전체 분위기를 흐트러트리지 않는다.

우드 선반 하나로 내추럴하게
싱크대를 전체적으로 교체할 수 없다면 상부장 아래나 주방 벽에 우드 선반 하나만 설치해도 내추럴한 분위기를 낼 수 있다. 우드 선반은 리폼사이트나 다이소 등에서 쉽게 구할 수 있고, 꺽쇠나 받침대만 있으면 누구나 손쉽게 설치할 수 있기 때문에 셀프 인테리어에도 적극적으로 활용된다. 타일이나 시멘트 벽에 선반을 설치할 경우에는 전동드릴이 있어야 한다.

전면적 리모델링이 어렵다면 패브릭으로 변화
시간과 경제적인 문제 때문에 리모델링을 할 수 없다면 주방에 부분적으로 내추럴 분위기를 연출해 보는 것도 좋은 방법이다. 가장 쉬운 것이 바로 패브릭을 이용하는 것. 내추럴한 린넨 소재의 커튼을 달아 보거나 패브릭 소품을 곳곳에 두는 것도 좋다. 주방에서 큰 면적을 차지하는 것 중 하나인 식탁에 내추럴한 테이블보를 씌워 보는 것도 좋겠다.

SHOP LIST

목재부터 인테리어 소품, 원단

페인트 인포 www.paintinfo.co.kr
셀프 인테리어를 위한 DIY 목재나 반제품, 원단 등 다양한 아이템을 구입할 수 있는 온라인 숍이다. 완제품으로 만들어진 다양한 가구와 인테리어 소품, 유아 용품까지 갖추고 있어 한번에 여러 가지 아이템을 고를 수 있다. 리폼 고수들의 리폼 아이템과 인테리어를 볼 수 있는 '작가매거진' 코너도 있어 고수들의 노하우를 직접 만나 볼 수도 있다.

내추럴 가구와 소품, 리모델링 시공까지

bplusM www.bplusm.co.kr
편안하고 심플한 내추럴 가구를 만날 수 있는 온·오프라인 숍. 제작된 가구의 구입뿐 아니라 직접 원하는 아이템을 주문할 수도 있다. 내추럴 스타일로 리모델링을 하고 싶다면 공사 의뢰도 가능하다. 리모델링 시 스타일에 어울리는 가구를 바로 주문할 수 있다는 장점도 있다. 직접 가구를 보고 싶다면 오프라인 매장을 방문해도 된다.

패브릭 소품을 위한 원단과 부자재를 한번에

코튼빌 www.cottonvill.co.kr
내추럴 인테리어를 위한 패브릭 소품을 직접 만들고 싶다면 각종 원단이나 부자재를 한 번에 구입할 수 있는 온라인 숍을 추천한다. 코튼빌은 다양한 스타일을 갖추고 있어 선택의 폭이 넓다. 국산 원단은 물론 수입 원단까지도 손쉽게 구매할 수 있어서 굿. 직접 만들 수 없는 이들을 위한 맞춤 주문제작도 가능하다.

트렌디한 조명을 고를 수 있는 곳

비비나라이팅 www.vivina-lighting.com
온·오프라인에서 운영하고 있는 조명 전문 숍으로 로맨틱한 샹들리에부터 포인트 조명 등 다양한 디자인을 만날 수 있다. 유니크하고 트렌디한 디자인의 조명도 많아 흔하지 않은 스타일을 찾고 싶어 하는 이들에게 제격이다. 새로운 상품의 업데이트가 비교적 빨리 이루어져 핫 트렌트 아이템을 만날 수 있는 것도 장점.

다양한 이케아 제품을 손쉽게 쇼핑

아이컴퍼니 www.icompany.tv
이케아(IKEA) 브랜드 제품을 판매하는 전문 숍으로 온라인, 오프라인 매장을 동시에 만날 수 있다. 가구부터 생활 용품, 침구류, 키즈, 조명에 이르기까지 종류가 다양하게 구비되어 있다. 파주 헤이리에 있는 오프라인 매장은 넓은 면적에 다양한 물건들을 저렴한 가격에 구매할 수 있어 이미 이케아 마니아 사이에서 유명하다.

**린넨부터
수입
원단까지**

네스홈 www.nesshome.com
다양한 디자인의 린넨 원단을 구입할 수 있는 곳으로 유명한 곳. 린넨뿐 아니라 코튼, 퍼 등 여러 가지 원단도 함께 만날 수 있다. 이외에도 각종 부자재나 미싱, 패턴도 따로 구입할 수 있어 원스톱 쇼핑이 가능하다. 다양한 무료 체험 이벤트도 하고 있으며, 회원가입을 하면 무료 도안도 받을 수 있어 유용하다.

**가장 예쁜
집 꾸미기
아이템이 한 곳에**

포홈 www.forhome.co.kr
홈 데커레이션 용품을 판매하는 온라인 숍. 가구와 패브릭, 주방 용품, 가든 용품, 리빙 용품, 벽지까지 집을 꾸밀 수 있는 다양한 제품을 판매하고 있다. 특히 감각적인 가구와 패브릭, 주방 용품은 입소문을 타고 유명해져 마니아가 생겨 날 정도다. 사이트 내에서는 포홈에서 만든 웹진과 주부들의 집 꾸미기 코너가 있어 인테리어 정보도 함께 얻을 수 있다.

**내추럴 가구를
만나고
싶다면**

데코룸 www.decoroom.co.kr
자연적인 느낌을 그대로 살린 내추럴 친환경 가구를 판매하는 곳. 심플하지만 감각적인 가구들과 반제품, DIY 재료들을 구입할 수 있다. 초보자도 손쉽게 만들 수 있는 반제품 소품과 내추럴한 가구가 특히 인기다. 드라마 가구 협찬이나 잡지 협찬처로도 유명한 곳으로 오프라인 매장에서는 할인 상품도 판매한다.

**셀프 인테리어를
원하는
이들을 위한**

THE DIY www.thediy.co.kr
가정에서 손쉽게 제작할 수 있는 각종 가구 재료와 반제품을 구입할 수 있다. 목재는 물론 페인트나 시트지, 벽지, 타일, 컨트리 소품도 판매한다. 내추럴 스타일의 주방에 어울리는 식탁이나 수납장 등 완제품 가구도 있으므로 DIY가 어려운 이들에게도 추천할 만하다. DIY 초보자를 위한 무료 아카데미 강좌도 있으며, 오프라인 쇼룸에서 다양한 제품을 직접 볼 수 있다. 원목 싱크대 시공도 의뢰할 수 있다.

**직접 제작한
내추럴
가구를
판매하는 곳**

나무이야기 www.namuiyagi.com
나뭇결이 그대로 살아 있는 내추럴 가구를 직접 제작해 판매하는 숍이다. 모든 제품을 쉽게 조립할 수 있게 디자인해 초보자도 과감하게 DIY에 도전할 수 있다. 대부분 스프러스와 삼나무를 사용해 친환경적인 가구를 만드는 곳으로도 유명하다. 샘플 디자인을 보고 필요한 사이즈를 따로 문의하면 그대로 발송해 준다.

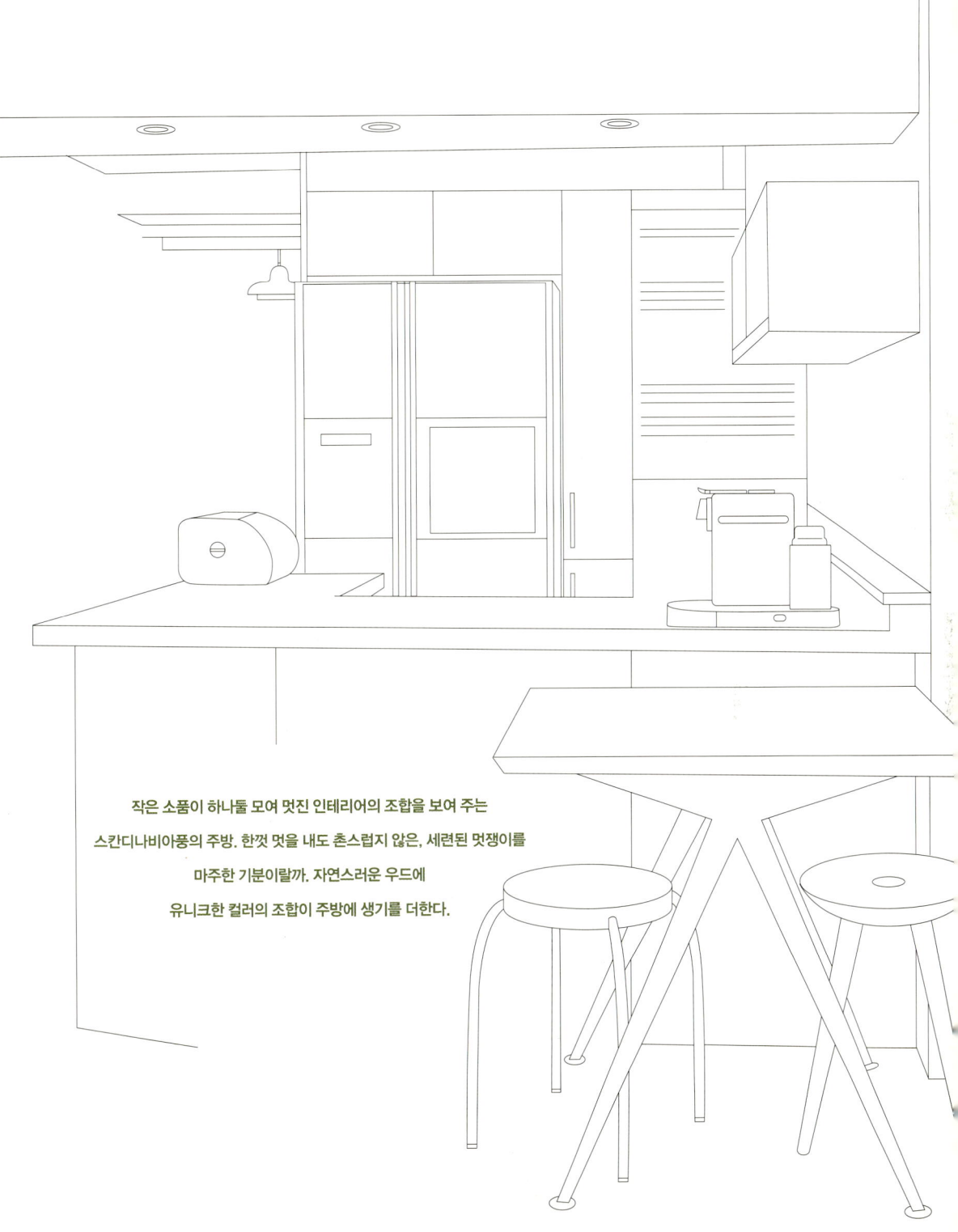

작은 소품이 하나둘 모여 멋진 인테리어의 조합을 보여 주는
스칸디나비아풍의 주방. 한껏 멋을 내도 촌스럽지 않은, 세련된 멋쟁이를
마주한 기분이랄까. 자연스러운 우드에
유니크한 컬러의 조합이 주방에 생기를 더한다.

구조변경 | 부분 시공 | **DIY**

서울 광진구 능동 복층빌라
56m²

쇼핑몰 CEO | 이혜실

KITCHEN DATA

평형	56m² (17평)
스타일	비비드 스칸디나비아
톤	비비드
주방 가구	싱크대 + 수납장 + 선반
DIY 아이템	주방 벽지

다이내믹한 패턴으로
연출한 북유럽풍 공간

홈 인테리어 쇼핑몰 트리앤모리를 운영하는 이혜실 씨는 이제 막 결혼한 풋풋한 새댁이다. 신혼집으로 구한 복층 구조의 10평대 빌라는 부부가 함께 완성한 공간이다.
신혼집 단장을 위해 부부가 가장 먼저 한 일은 알록달록 현란한 무늬가 있었던 거실 벽지 대신 화이트 벽지로 도배하기. 이후 집안 곳곳에 컬러풀하고 아기자기한 소품을 놓아 작은 북유럽을 연상시키는 미니 키친으로 완성했다. 벽에는 상큼한 옐로 컬러가 돋보이는 선반으로 포인트를 주고, 거실 의자는 화려한 패턴의 패브릭으로 커버링을 했다. 자칫 좁고 복잡할 수 있는 공간이 디자인을 전공한 그녀의 감각이 고스란히 묻어나 개성이 넘치는 공간으로 완벽하게 변신했다.
거실과 이어지는 원룸 구조인 주방은 무엇보다 거실 인테리어와 통일되는 스타일링이 필요했다. 좁은 공간을 넓게 쓰기 위해 주방 가구는 최소화해 식탁은 생략하고 주방가전을 두는 가구도 미니 사이즈로 콤팩트하게 매치했다. 주방 가전이나 소품에 꼭 맞는 사이즈의 제품을 고른 그녀의 안목이 돋보인다. 홈페이지 www.treeandmori.com

그녀의 주방 베스트

북유럽풍 소품 스타일링 원칙

1
**다용도실 입구는
밸런스 커튼으로 산뜻하게**

다용도실로 통하는 문에 직접 만든 밸런스 커튼을 걸어 산뜻함을 더했다. 주방 곳곳에 그녀가 사랑하는 팟 홀더와 앙증맞은 조리 도구, 빈티지 그릇이 더해지니 북유럽의 작은 주방에 서 있는 것 같다.

2
**안정감을 주는 블랙과
우드 컬러로 밸런스 맞추기**

컬러풀한 소품을 돋보이게 하기 위해서는 안정감을 주는 컬러 톤이 더해져야 한다. 주방과 이어지는 거실장과 선반은 우드 컬러로, TV 위 벽면에는 크기가 다른 블랙 프레임의 액자를 매치해 주방의 화려한 컬러가 돋보이도록 했다.

3

4

5

3
**심플한 화이트 벽에
비비드 컬러로 포인트**

심플함을 강조하는 북유럽풍 스타일대로 벽은 화이트로 선택해 넓어 보이는 효과를 주었다. 여기에 상큼한 비비드 옐로 컬러의 선반으로 포인트를 주었는데, 작은 선반 하나만으로 밋밋한 벽에 생기가 더해졌다.

4
**햇살이 많이 들도록
커튼은 미니 사이즈로**

햇살이 부족한 북유럽은 빛이 많이 들도록 스타일링하는 것이 일반적인데 그녀의 창가도 그런 점에서 닮았다. 환한 햇살이 가득 들어오도록 커튼은 창문의 2/3 사이즈 정도로 했고, 얇은 소재의 블루 패턴 패브릭으로 골랐다.

5
**아기자기한 패턴의 엽서와
웨딩카드로 냉장고에 활기를**

집이 넓어 보이도록 하기 위해 고른 슬림한 메탈 냉장고. 심플한 디자인이라 포인트를 주기 위해 패턴이 멋진 북유럽 디자이너의 엽서, 타일 스티커와 그녀의 사랑스러운 웨딩카드를 붙여 두었다. 북유럽 패턴을 사랑하는 그녀이기에 웨딩 카드도 색다르다.

소가구와 바구니를 이용한 아이디어 수납

그릇과 주방 소품이 많아서 효율적으로 수납할 수 있는 아이디어가 필요했다. 그래서 작은 주방에 어울리는 소가구와 싱크대를 적극 활용하기로 했다. 전자레인지 위에 접시꽂이와 도마꽂이, 그리고 바구니를 이용해 티타월과 팟 홀더, 도마, 접시 등을 꼼꼼하게 수납했더니 의외로 많은 양의 수납이 해결되었다. 싱크대 안에는 깨어지기 쉬운 유리 제품이나 컵 등을 수납했다.

1 싱크대 상부장에는 그동안 모아 둔 아기자기한 컵과 찻잔, 접시 등을 넣었다. 컬러풀한 조리 도구는 패턴이 예쁜 엽서나 팟 홀더 등과 함께 두어 컬러 포인트가 되도록 했다.
2 싱크대 안은 자주 열지 않아 먼지나 기름 때 등이 쉽게 생긴다. 주방 용품이 더러워지는 것을 막기 위해 고른 것이 수납 바구니와 매트다. 청소할 때는 수납 바구니와 매트만 꺼내서 씻어 편리하다고.
3 자주 쓰는 접시와 예쁜 패턴의 도마들은 정리대에 꽂아 두었더니 사용하기도 편하고 인테리어 효과도 살렸다. 팟 홀더와 테이블매트도 바구니에 넣어 깔끔해 보이도록 한 센스가 돋보인다.

북유럽 감성이 느껴지는 패턴 아이템 퍼레이드

싱글 때부터 모아 온 다양한 소품들도 북유럽 인테리어를 더욱 살려 주고 있다. 이런 화려한 패턴의 소품을 매치할 때는 서로의 패턴이 부딪히지 않도록 중간중간에 블랙이나 화이트 컬러 등의 심플한 아이템을 함께 두어야 한다. 그녀의 주방과 거실은 가구가 심플하기 때문에 소품들이 더욱 빛을 발한다.

1 다양한 크기와 모양의 도마는 도마꽂이를 이용하면 간편하게 수납하기 좋다. 이국적인 패턴의 도마가 색다른 재미를 더해 준다.
2 요리를 하는 것도 좋아하지만 멋지게 테이블 세팅을 하는 것도 좋아하는 그녀다. 멋스러운 북유럽풍의 빈티지 그릇과 컵으로 식사 시간이 더욱 즐거워지도록 꼼꼼하게 스타일링한다.
3 티타월과 팟 홀더는 사실 인테리어 소품으로 더 많이 이용하고 있다. 심플한 벽에 예쁜 티타월 한 장만 붙여 두어도 공간이 확실히 살아난다.

SHOPPING LIST

부엉이 티타월과 팟 홀더 // 트리앤모리 www.treeandmori.com에서 3만 원대, 9천 원대에 구입.
블랙 주방 벽등 // 비비나라이팅 www.vivina-lighting.com에서 6만 원대에 구입.
선반 위 실버 돼지 저금통 // 프랑프랑에서 1만 원대에 구입.
접이식 미니 테이블 위 오렌지 컬러 티타월 // 마리메꼬 www.marimekko.kr에서 3만~4만 원대에 구입.
닭 모양 철재 바구니 // 남대문시장에서 5천 원대에 구입.

구조변경 | 부분 시공 | DIY

서울 노원구 중계동 아파트
62m²

VMD | 신경은

KITCHEN DATA

평형	62m² (19평)
스타일	레트로 스칸디나비아
톤	옐로 + 우드
주방 가구	싱크대 + 그릇장

공간별 컬러 감각이
살아 있는 키친

현관문을 열고 들어서면 먼저 경쾌한 컬러가 가득한 실내가 한눈에 들어온다. 비비드한 컬러만큼이나 아기자기한 멋이 있는 이 집은 신경은 씨가 신혼집으로 꾸민 공간. 오래된 아파트이다 보니 손볼 곳이 한두 군데가 아니었다. 그중에서도 주방이 가장 큰 골칫거리였다. 원래 있던 구조에서는 주방이 너무 좁았고 수납 공간도 턱없이 부족했던 것.
우선 좁은 주방에 맞게 직접 그린 싱크대 도면을 싱크대 공장에 의뢰하는가 하면, 싱크대 맞은편에는 북유럽 인테리어 스타일을 한눈에 보여 주는 레트로 원목 그릇장과 독특한 로만셰이드로 더해 수납과 스타일을 살렸다.
집 꾸미기를 좋아하는 이 부부가 선택한 콘셉트는 컬러감이 포인트인 북유럽 스타일. 작은 평수이지만 색다른 재미를 주기 위해 주방, 거실, 침실 등 공간별로 다른 컬러의 벽을 선택하고 각각의 공간에 맞는 가구를 들이기로 결정했다. 시공하기 어려운 새시나 욕실 공사, 몰딩 등은 재료를 직접 골라 시공업체에 맡기고, 벽은 초벌벽지만 의뢰한 다음 직접 페인팅했다. 여기에 북유럽 스타일의 포인트인 원목 가구를 베이스로 고른 뒤, 비비드 컬러나 독특한 디자인의 가구를 포인트로 넣었다. 컬러가 너무 튀지 않도록 블랙 컬러의 소가구나 조명으로 차분함을 더해서 그들만의 개성 넘치는 북유럽 스타일의 인테리어를 완성했다.

블로그 blog.naver.com/19830627

그녀의 주방 베스트

좁은 주방을 넓게 쓰는 아이디어

1
냉장고는 베란다로 옮겨 넓어 보이게

사이즈가 큰 냉장고를 주방에 두려니 공간도 좁고 현관문을 열고 들어오면 바로 보여 미관상 좋지 않았다. 고민 끝에 냉장고는 베란다를 확장한 공간으로 옮겨졌다. 거실 가구와 함께 두었지만 어색하지 않고 넓어 보이는 효과를 얻었다.

2
포인트 주방 가구는 하나만

작은 아파트일 경우 주방에는 포인트가 되는 가구를 1~2개로 제한하는 게 좋다. 그녀가 선택한 것은 레트로풍의 우드 그릇장. 붉은 계열의 우드 컬러가 돋보이는 감각적인 그릇장 하나만으로도 주방 인테리어 포인트가 살아난다.

3
거실 한켠에 다이닝 공간 만들기

주방이 좁아 따로 식탁을 둘 공간이 여의치 않았다. 그래서 거실에 식탁과 책상을 겸할 수 있는 우드 테이블을 놓았다. 거실에 놓으니 넉넉한 사이즈의 테이블을 들일 수 있고, 다양하게 활용도가 높아 매우 만족스럽다고.

4
미니 ㄱ자형 싱크대로 수납 공간 늘이기

좁은 주방이지만 과감하게 ㄱ자형 싱크대를 선택했다. 미니 ㄱ자형으로 오븐을 수납할 수 있는 심플한 구조로 만들었더니 수납이 깔끔해지고 의외로 좁아 보이지도 않았다. 덕분에 조리 공간도 늘어나 요리하는 시간이 즐거워졌다.

1 싱크대 맞은편의 작은 다용도실은 문을 달기에는 공간이 여의치 않았다. 문을 대신해 멋 밋한 커튼이나 블라인드를 설치하자니 계획했던 인테리어 스타일과는 맞지 않아 로만쉐이드로 결정했다. 인테리어 숍 마리메꼬에서 원단을 구입해 직접 제작을 맡겼다.
2 큰 사이즈의 테이블이 놓인 공간에 팝아트 풍의 그림을 걸었다. 톤 다운된 그린 컬러 벽에 포인트가 되면서 다이닝 공간이 근사한 갤러리로 바뀌었다.

주방의 옐로 타일 컬러에 맞춰 주방 도구는 물론 소품도 컬러감을 주었다. 알록달록 개성만점 조리 도구는 디자인도 아이디얼하다.

3 북유럽풍 프린트가 살아 있는 식기류와 찻잔은 그녀가 평소에 가장 아끼는 아이템 중 하나. 레트로풍 그릇장과 잘 어울린다.

4 컬러감만 강조하다 보면 자칫 편안함이 떨어질 수 있다. 이런 점을 보완하기 위해 부드러움을 주는 주방 소품을 더했다. 분위기 있는 촛대가 아늑하면서도 차분해 보이는 효과를 주고 있다.

5 컬러 소품은 레드 톤의 레트로 그릇장에 활기를 더해 준다. 토스트기 하나, 컵 하나도 주방 가구와의 컬러 매치를 생각해서 고른 것.

작은 소품 창고 같은 컬러풀한 주방

컬러 감각이 돋보이는 주방 소품들은 북유럽 인테리어 포인트를 잘 살려주고 있다. 특히 레트로 우드 그릇장과 잘 어울리는 컬러풀 소품과 아이디얼한 주방 소품은 심플한 주방을 재미있는 공간으로 만들어 준다. 모두 먼 길 마다하지 않고 달려가 정도로 공을 들여 구매해 온 아이템들이다. "주방에 꼭 필요한 소품들을 하나하나 메모해서 여러 매장을 다니면서 구입했어요. 충동적으로 사기 보다는 꼭 있어야 하는 소품으로 제대로 된 인테리어 효과를 주고 싶었거든요."

SHOPPING LIST

거울로 된 새 모양의 고리 // 코즈니 www.kosney.co.kr에서 3만 원대에 구입.
컬러풀 도마 // 조셉조셉 브랜드 제품으로 백화점에서 5만 원대에 구입.
그릇장 // 매스티지데코 www.mastideco.kr에서 40만 원대에 구입.
베란다 조명 // 메가룩스 www.megalux.kr에서 10만 원대에 구입.
식탁 테이블 & 의자 // 까사미아에서 1백만 원대에 구입.

서울 성북구 성북동
복층빌라

76m²

아티스트 | 한송이

구조변경 | 부분 시공 | **DIY**

KITCHEN DATA

평형	76m² (23평)
스타일	컬러풀 스칸디나비아
톤	비비드
주방 가구	싱크대 + 식탁 + 원목 선반
DIY 아이템	주방 벽 + 선반

북유럽 감성이 묻어나는 갤러리 스타일의 공간

아티스트 한송이 씨의 작은 주방은 그녀와 참 많이 닮아 있다. 감각적이면서도 생기 있고, 컬러풀한…. 사각형이 아닌 독특한 구조의 주방과 만화에 나올 법한 창문, 온갖 컬러가 가득한 주방 소품, 직접 그린 드로잉 작품들은 어디로 튈지 모르는 그녀의 성격을 그대로 보여 주는 듯하다.

부촌인 성북동 초입에 자리잡은 소박한 서민주택 사이에 그녀의 복층 빌라가 있다. "번잡한 시내보다는 조용한 동네로 이사 오고 싶었어요. 많은 곳을 돌아보던 중 이 동네를 발견했죠. 마치 7,80년대를 연상시키는 오래된 골목과 주택들이 한눈에 들어왔어요. 오래 있어도 변하지 않고 바뀌지 않을 안정감이 느껴졌어요."

그녀의 말처럼 이 복층 빌라는 그녀가 스페인 유학 생활을 끝내고 돌아와 아주 어렵게 찾아낸 공간이다. 전세라서 집안 전체를 바꿀 순 없었지만 독특한 감각으로 하나 둘 바꾸어가기 시작했다. 밋밋했던 식탁 옆 벽은 과감하게 초록색 컬러로 직접 페인팅했고, 주방 벽에 직접 운영하는 온라인 숍 올디벗구디의 주방 소품을 진열할 선반을 만들어 달았다. 그리고 캔버스에 직접 드로잉한 작품들과 재밌는 북유럽 풍의 주방 소품들을 두었더니 북유럽의 어느 주택에 와 있는 듯 이국적인 분위기가 완성되었다. 여행할 때마다 하나둘 구입해 모아 둔 주방 소품과 어렸을 적 샀던 문구류나 작은 소품들도 주방 스타일링에 큰 힘이 되어 주었다. 모두 그녀와 함께 한 지 오래된 것들이다. 홈페이지 www.oldiebutgoodie.co.kr

그녀의 주방 베스트

비비드한 주방 스타일링

1
주방으로 들여온 빈티지 자전거

주방에 자전거가 있다니… 재밌지만 다소 황당한 발상은 감각적인 스타일링으로 연출하는 데 의외의 힘을 발휘했다. 빈티지 그릇이 가득한 선반과 키치풍의 에이프런, 컬러감이 돋보이는 드로잉 작품과 어울려 세련미를 더한다.

2
이국적인 연 소품으로 상부장에 포인트 주기

깔끔하지만 심심한 싱크대에 컬러감을 더해 주기 위해 고른 소품이 바로 새가 그려진 연. 친구에게 선물 받은 이 연은 화려한 컬러감과 생동감 있는 묘사가 더해져 주방에 경쾌함을 준다. 그녀의 주방에서 오랫동안 함께한 소품이기도 하다.

3
초록색 페인팅 벽과
드로잉 작품으로 갤러리처럼

아티스트인 만큼 자신의 작품을 주방에도 걸어 두고 싶었던 찰나, 초록색으로 칠한 벽이 눈에 들어왔다. 간단하지만 레드 컬러가 포인트가 되는 그녀의 작품은 초록색 벽과 어울려 키치풍 감성을 드러낸다. 아울러 화려한 남미풍의 식탁보가 컬러감을 더한다.

4
나선형 계단에도 주방 소품으로
감각 더하기

주방과 이어진 나선형 계단을 올라가다 보면 재밌는 소품이 하나 눈에 띈다. 그린과 화이트 스트라이프가 멋진 빈티지 주전자가 그것. 주방 소품을 의외의 장소에 두니 나름대로 재밌고 발랄한 분위기가 난다.

5
종이 시계와 직접 그린 그림으로
창가에 색 입히기

주방 창에 있는 종이 시계는 오래 전 구입한 것. 아직도 건전지를 넣으면 시계가 작동된다. 재밌는 디자인에 세월의 흔적이 더해져 색다른 빈티지 아이템이 되었다. 직접 그린 젖소 그림과 함께 창가를 상상력 넘치는 공간으로 만들어 주었다.

6
싱크대에 걸린
화분

싱크대 손잡이에 걸린 수납함에 재밌는 아이디어가 숨어 있다. 바로 화분을 넣어 둔 것. 싱크대나 창가에 올려 두기만 했던 화분을 수납함에 넣어두었더니 색다른 재미가 느껴진다. 수납공간이 부족하면 잠시 화분을 빼두고 수납을 하기도 한다.

빈 공간을 활용한 멀티 수납법

애초 그녀의 주방은 구조가 독특해 그릇장이나 큰 수납장은 두기 어려운 상황이었다. 주방 살림에 비해 수납공간이 턱없이 부족했던 그녀는 안으로 넣는 수납법 대신 빈 공간을 활용하기로 했다. 그래서 첫 번째로 낸 아이디어가 주방과 거실로 이어지는 긴 벽에 꽉 차는 수납 선반을 다는 것. 다양한 컬러와 패턴이 예쁜 그릇과 찻잔, 접시 등을 올려 두었더니 수납뿐 아니라 데커레이션 효과까지 아주 만족스러워졌다. 자주 쓰는 양념과 각종 향신료, 오일, 와인 등도 수납장 속에 넣지 않고 싱크대 위에 올려 두었다. 필요할 때마다 쉽게 사용할 수 있어 실용적이고 빈티지한 분위기까지 풍기나 이국적인 풍경을 연출한다. 냉장고와 싱크대 사이의 좁은 공간에는 전자레인지가 들어갈 정도의 오픈 선반장을 주문해 주방 가전제품을 모두 수납했다.

송이 씨의 수납에는 독특한 원칙이 하나 있다. 바로 수납을 하면서도 그 공간을 멋들어지게 꾸며야 한다는 것. 그래서 에이프런이나 주방 패브릭도 패턴이나 컬러를 신중하게 골라 구입하고 박스 안에 넣어 두기보다 싱크대 손잡이에 걸어서 스타일링 효과를 더해 준다. "주방 소품을 완벽하게 수납할 공간이 없다면 컬러풀한 디자인으로 골라 보세요. 주방 인테리어에 포인트가 되면서 기분 좋은 공간으로 바뀐답니다."

1 요리하면서 바로바로 꺼내 쓸 수 있도록 각종 조리 도구는 케이스에 넣지 않고 쿡탑 위 철재 고리에 걸어 둔다. 컬러풀한 패턴이 있는 미니 팬과 함께 두었더니 공간이 살아났다.

2 요리를 할 때 쓰는 와인과 오일병은 창가 근처에 두어 신선함이 잘 유지되도록 한다. 창으로 들어오는 부드러운 햇살을 받아 주방 분위기를 화사하게 만들어 준다. 빈티지 저그나 소품 케이스도 함께 두면 스타일리시하다.

3 매번 꺼내 쓰기 불편한 비닐랩이나 지퍼락 등은 이케아 수납 바구니에 넣어 고리를 달아 싱크대에 걸어 두었더니 사용하기에 아주 편리해졌다.

4 주방과 복층으로 올라가는 나선형 계단 옆에 지그재그 모양의 고리를 걸고 가방과 모자, 털실을 걸었다. 수납을 목적으로 한 것이지만 재밌는 스타일링 포인트가 되어 집 안 분위기가 살아난다. 털실도 간단한 끈을 이용해 묶어서 독특한 소품으로 변신시켰다.

5 튼튼한 철재 수납장을 한쪽 벽면 사이즈에 맞게 주문해서 수납했다. 찾기 쉽도록 아이템별로 수납 위치를 정하고 컬러 톤이 비슷한 것끼리 두었다.

6 수입코너에서 구입한 향신료는 패키지 자체만으로 이국적인 느낌을 주기에 좋다. 양념통과 함께 매치해 두었더니 스타일리시한 감각이 살아난다. 양념통도 옆에 월계수 잎을 보관하는 포인트 소품까지 멋스럽다.

SHOPPING LIST

식탁 테이블보 // 남미에서 만들어진 것으로 스페인에서 5만 원 미만으로 구입.
싱크대에 걸어 둔 티타월 // 친구들에게 선물 받은 것들.
주방 벽 선반 그릇과 접시 // 모두 올디벗구디 www.oldiebutgoodie.co.kr에서 구입 가능.
빈티지 주전자와 저그 // 유럽 여행 중 벼룩시장에서 구입하거나 외국에서 구입.
싱크대 손잡이에 걸어 둔 수납함 // 이케아(IKEA) 제품으로 스페인에서 구입.
식탁 위 빈티지 전화기 // 외국에서 구매해 온 것.

서울 종로구 숭인동
아파트

82m²

마케터 | 권현진

KITCHEN DATA

평형	82m² (25평)
스타일	내추럴 스칸디나비아
톤	우드 + 티파니 블루
주방 가구	싱크대 + 식탁 + 수납장
DIY 아이템	우드 액자

구조변경 · 부분 시공 · **DIY**

소박해서 더 아늑한
북유럽풍 주방

인테리어 화보집에 나올 법한 잘 꾸며진 주방 만이 매력적인 것은 아니다. 작지만 아늑하고 가족을 사랑하는 마음이 가득한 곳이야말로 근사한 인테리어 못지않게 멋지다. 신혼의 단꿈에 젖어 있는 권현진 씨의 작은 주방이 그렇다. 솜씨 좋은 시공업체의 기술을 빌리지 않고 집주인의 감각을 그대로 담은 주방 가구와 아기자기한 소품만으로도 충분히 멋스럽다.

후에 태어날 아이와의 행복한 간식 시간을 꿈꾸며 만든 편안하면서도 이국적인 이 공간은 그녀가 외국 인테리어 잡지를 보다 발견한 북유럽의 가정집에서 아이디어를 얻어 탄생했다. 자연의 느낌을 그대로 살린 원목 가구와 심플하면서도 기능적인 싱크대, 여기에 비비드한 주방 도구로 포인트를 준 스타일이다. 식탁과 식탁 의자, 티파니 블루 수납장과 원목 수납장은 모두 직접 디자인해서 공방에 의뢰했다. 인위적인 느낌을 넣고 싶지 않아 소재도 물푸레나무로 선택했고, 컬러에 변화를 주기위해 수납장 하나는 티파니 블루 컬러를 골랐다. 여기에 외국 여행에서 틈틈이 구입한 작은 소품들로 변화를 주었다.

신혼집이지만 신혼살림으로 거창하게 구입한 것은 별로 없다. 각종 식기류와 주방 용품들도 혼수용으로 마련한 것이 아니라 싱글일 때부터 모아온 것들이거나 예쁜 인테리어 숍을 갈 때마다 하나씩 구입한 것들이다. "신혼집이라고 해서 식기부터 냄비, 수저까지 신혼 풍으로 한꺼번에 구입할 필요는 없는 듯해요. 신혼살림이지만 너무 새 것 같지 않은 내추럴한 느낌을 주고 싶었죠. 여러 곳을 다니면서 고른 것들이 더 정성스럽고 집 안 분위기를 더 편안하게 해주는 것 같아요."

블로그 blog.naver.com/yujinny104

그녀의 주방 베스트

아늑함을 더해 주는 주방 스타일링

1
**심플한 싱크대에
컬러풀 주방 용품 더하기**

화이트 계열의 깔끔한 싱크대는 기능적이나 다소 딱딱해 보이는 스타일. 비비드한 컬러의 주방 소품을 매치하면 한결 밝아지고 부드러워지는 효과가 있다. 냄비와 팬, 그리고 작은 주방 소품을 따뜻한 계열의 컬러로 통일했다.

2
**키 낮은 원목 수납장으로
주방이 넓어 보이게**

수납장의 키를 낮추어 직접 디자인해 주방이 답답해 보이지 않도록 했다. 직접 디자인한 수납장은 주방 공간에 맞춰 사이즈를 정했다. 컬러는 따뜻한 느낌이 나도록 원목을 그대로 살린 것과 포인트가 되는 티파니 블루 컬러, 2가지로 선택했다.

3
**프린트가 돋보이는
테이블 매트로 식탁을 생기 있게**

밝은 컬러 톤에 아기자기한 프린트가 있는 테이블 매트는 식탁을 더욱 풍성하고 따스해 보이도록 해준다. 플라워 프린트 테이블 매트와 경쾌한 컬러의 식기류가 식사 시간을 더욱 즐겁게 만들어 줄 듯하다.

4
**직접 리폼한 패브릭 액자로
스타일링 효과**

수납장 위의 우드 액자 중 사진이 들어 있지 않은 것은 패브릭을 넣어 직접 리폼한 것. 사진으로만 채우면 식상한 느낌을 줄 것 같아 자투리 패브릭을 넣어 보았더니 내추럴하면서도 멋진 패브릭 액자로 변신했다.

식탁 위 원목 수저통은 식탁과 어우러져 멋스러움을 더한다. 자주 쓰는 수저와 티스푼 등을 종류별로 한꺼번에 수납할 수 있어 실용적이면서도 식탁이 깔끔해 보인다.

인테리어까지 고려한 감각 수납법

작은 주방이 복잡해 보이지 않으려면 식기류같은 주방 용품과 인테리어 장식용 소품의 조화가 중요하다. 현진 씨는 식기류나 주방 용품을 싱크대 속에 넣어 장식 소품이 더 돋보이도록 하거나 장식 소품으로 수납의 기능까지 하도록 연출했다. 싱크대 벽면에 걸려 있는 팬조차도 장식용과 생활용이 따로 있을 정도다. 가로로 긴 상부장은 같은 종류의 주방 용품을 함께 수납할 수 있어 사용하기에 편리하고 주방을 더 넓어보이게 하는 효과도 있다.

1 다양한 디자인의 그릇이 많은 편이라 스타일별로 수납한다. 비슷한 사이즈끼리 모아서 겹쳐 놓으면 나중에 꺼내 쓸 때도 편리하다.
2 컬러감이 돋보이는 팬은 싱크대 속에 수납하지 않고 벽에 걸어 두었다. 장식 효과뿐 아니라 수납도 자연스레 해결이 되어 좋다고. 여기에 블랙 컬러의 조리 도구를 함께 매치했더니 더 세련되어 보인다.

주방에 아기자기한 재미를 더하다

화려하지 않지만 이 작은 주방이 돋보이는 것은 현진 씨가 모은 소품들 덕분이다. 여행하면서 하나둘 모아 온 소품들로 채웠더니 아늑해 보이면서 추억이 더해져 애착이 간다고. 그리고 햇빛이 오래 머물지 않은 주방에 생기를 주기 위해 작은 화분을 곳곳에 두었다. 이 화분들은 원목의 주방 가구와 어울려 싱그러움을 더해 준다.

1 매일 쓰는 에이프런이지만 옷걸이에 걸어 수납장에 살짝 걸쳤더니 근사해졌다. 작은 화분과 원목 수납장이 이국적이면서도 따스한 분위기를 낸다.
2 젓가락 받침대를 좋아해 여행 때마다 모았더니 제법 근사한 컬렉트가 되었다. 테이블 세팅을 할 때 빠지지 않고 등장하는데 앙증맞은 모양 때문에 식사 시간이 더욱 즐거워진다고.

주방 입구 벽에 걸어 둔 심플하지만 강렬한 북극곰 그림. 깔끔한 북유럽 스타일의 주방과 잘 어울린다.

SHOPPING LIST

테이블 매트 // 일본 여행 중 도쿄 인테리어 소품 숍에서 구입.
블루 그린 마메종 유리컵 // 모두 컨츄리앤하우스 www.countrynhouse.co.kr에서 1만 원대에 구입.
에이프런 // 패브릭 숍 MORFF www.morff.co.kr 제품으로 선물 받은 것.
수납장 위 선반 // 마켓엠 www.market-m.co.kr에서 구입해 설치 의뢰한 것.

경기 고양시 덕양구 행신동
아파트

109m²

주부 | 이주헌

KITCHEN DATA

- 평형   109m² (33평)
- 스타일 모던 북유럽
- 톤   화이트 + 비비드
- 주방가구 싱크대 + 식탁 + 아일랜드

구조변경 | 부분 시공 | **DIY**

간결하고 세련된 북유럽에 모던을 입히다

유럽에서의 생활을 정리하고 한국에 들어온 지 얼마 안 된 이주헌 씨. 그녀에게 주방은 기능적이면서도 캐주얼한 공간이다. 깔끔하고 시크한 분위기에 컬러풀한 소품과 기능적인 수납공간이 조화를 이룬 주방도 집주인을 닮았다.
"외국에서 이케아(IKEA)나 하비타트(habitat)등의 인테리어 브랜드 쇼룸을 보면서 그렇게 감각적이고 시크한 느낌을 주방에 넣고 싶었어요." 그녀의 말처럼 자연을 모티브로 한 디자인과 컬러감이 돋보이는 북유럽풍의 소품들은 그녀의 주방 곳곳을 색채감 있는 공간으로 탈바꿈시켰다.
심플한 화이트의 ㄷ자 구조 싱크대가 주방을 꽉 채우고 있음에도 그녀의 주방은 결코 답답해 보이거나 복잡한 느낌이 전혀 없다. 냉장고와 연결된 부분을 제외한 벽면에 천장까지 이어지는 상부장 대신 키 작은 미니 상부장을 달았기 때문이다. 덕분에 트여진 시야는 주방을 보다 넓어 보이게 하고 잘 꾸며진 시스템 키친으로 보이게끔 한다. 화이트 톤의 기능적인 시스템 싱크대와 더불어 주방을 더 매력적으로 만들어주는 부분이 바로 노출 콘크리트 느낌의 벽 마감이다. 콘크리트 가루와 액체를 섞어서 벽에 바른 뒤 마르면 코팅제를 바르는 '콘플로어(confloor)' 기법으로, 흔히 타일로 마무리하는 벽에 비해 독특하면서도 시크한 느낌을 준다. 벽 하나로 흔한 스타일의 주방에서 개성 있는 공간으로 완벽한 변신을 이루었다.

시공 데코하니 www.decohoney.com

그녀의 주방 베스트

실용적인 기능성 주방 키워드

1
**ㄷ자형 싱크대로
공간 활용 높이기**

냉장고가 있는 부분은 수납을 위한 수납장을 넣고, 벽 쪽은 개수대를, 거실이 보이는 쪽은 인덕션 레인지와 아일랜드를 넣었다. 마지막 한쪽 면은 조리 공간으로 활용할 수 있는 실용적인 싱크대다. 동선을 고려한 설계 덕분에 오랫동안 주방 일을 해도 피곤하지 않을 듯 하다.

2
**시스템 후드와
노출 콘크리트 벽의 조화**

깔끔하면서도 모던한 시스템 후드는 현대적인 느낌을 강조한 디자인. 넓은 후드는 음식 냄새를 순식간에 빨아들여 주방을 청결한 공간으로 만들어 준다. 간결한 시스템 후드와 회색 노출 콘크리트 벽이 어우러져 모던한 분위기를 연출해 준다.

3
보조주방을 확장해 세탁실과 김치냉장고 두기

보조주방은 반만 확장해서 반은 세탁실로, 반은 김치냉장고를 두는 공간으로 만들었다. 따로 문을 달지 않고 이어지는 공간으로 연출해 주방이 확장된 느낌을 준다. 실제보다 공간이 넓어 보이는 효과도 얻었다.

4
냉장고가 있던 자리를 아일랜드로 변신

리모델링하기 전에는 지금 아일랜드가 있는 자리에 냉장고가 있었다. 거실에서 바라보면 냉장고로 인해 답답해 보여 냉장고를 전면으로 배치하고 대신 인덕션레인지가 있는 아일랜드를 넣은 것. 간단한 식사를 할 수 있는 식탁으로도 사용할 수 있어 편리하다.

5
간접 조명과 매입등으로 주방 밝히기

미니 상부장 아래에는 간접 조명을 두었고, 거실과 주방의 경계 부분에 설치한 천장 수납장 아래에는 매입 등을 달았다. 각각의 조명은 주방 곳곳을 밝혀 주어 주방이 한결 밝아 보인다.

1 거실과 주방의 경계 부분 천장에 설치한 수납장은 가벽의 역할을 하면서 수납의 기능을 동시에 가지고 있다. 자주 사용하는 물건을 두어 꺼내 쓰기에도 편리하게 했다.
2 개수대 오른쪽 벽에 설치한 미니 상부장은 수납의 역할을 하면서도 답답함을 주지 않는다. 반투명 유리문으로 되어 있어 더욱 캐주얼한 분위기.
3 냉장고 옆 벽 공간은 수납장을 꽉 차게 짜 넣었다. 사슬문 찬장을 만들어 전자레인지와 주방 용품을 넣어 두고, ㄷ자형 싱크대 하부장에는 전기오븐과 식기세척기를 설치했다.
4 이케아에서 구입한 이단 수납함은 쇼핑용 비닐봉지나 식기세척기 세제 등을 넣는 용도. 바퀴가 달려 있어 이동이 가능한 것이 장점.
5 냉장고 옆에는 자석이 달린 수납함을 두고 각종 고지서나 아이의 유치원 알림장, 메모지 등을 넣어 두었다. 잃어버릴 염려도 없고 보기에도 깔끔하다.

수납 아이템을 적극 활용한 실용 수납법

실용성을 높이기 위해 디자인한 싱크대는 넉넉한 수납공간으로 자질구레한 주방 용품을 감쪽같이 수납해 주었다. 여기에 아이디어가 돋보이는 수납 아이템을 더해서 되도록 안으로 넣어 두는 방법을 택했다. 주방에서 보면 곳곳에 수납한 흔적이 보이지만 거실에서 바라보면 깔끔하게 정돈된 모습을 보이는 것도 이런 이유. 특히 거실과 주방의 경계 부분에 남는 천장과의 공간을 이용해 오픈 수납장을 만든 아이디어는 눈여겨볼 만하다.

거실에서 보면 심플하고 깔끔해 보이는 주방. 곳곳에 숨은 수납 아이디어로 주방이 보다 실용적인 공간이 되었다.

앙증맞은 2인용 식탁은 아일랜드를 불편해 하는 아이를 위한 배려다. 컴퓨터를 하는 등 다양한 용도로 활용하기에 좋다.

1 2 3

아기자기한 북유럽 이야기를 들려주는 소품 매치

심플한 주방 가구에 비해 소품은 컬러감이 있고 아기자기한 디자인을 선호하는 편. 주방에 활력을 넣으면서 이국적인 분위기를 더해 주방에 머무는 시간을 더 즐겁게 해주는 요소이기도 하다. 여러 가지 소품을 늘어놓듯 자연스럽게 데커레이션한 것이 특징.

1 홈스테드 브래드 박스에는 자질구레한 용품들을 넣어 두는데, 뚜껑을 편하게 열었다 닫았다 할 수 있어 실용적이다. 뚜껑을 닫아 싱크대 위에 올려 두면 포인트 소품으로 변신한다.
2 잼 등을 담아 두는 작은 유리병에 남편에서 외국 출장에서 사온 색색깔 초콜릿을 넣었더니 상큼한 소품이 되었다. 비싼 소품을 사지 않고 재활용한 아이템만으로도 근사하게 꾸밀 수 있다.
3 분위기 있는 흑백 사진 하나를 냉장고에 걸었을 뿐인데 감성적인 미니 갤러리 공간이 되었다. 이렇게 평소 찍은 사진들을 모아 자연스럽게 붙여 두면 그것만으로도 갤러리 느낌을 충분히 줄 수 있다. 앙증맞은 집게로 마무리.

PLUS INFO
집주인의 또 다른 공간 엿보기
소품들로 꾸민 베란다 공간

거실 베란다를 확장해 우드 선반과 수납장을 달아 북유럽 소품들로 데커레이션했다. 북유럽 전통 소품들과 도자기, 액자, 화분 등을 두어 자연 친화적인 북유럽 감성을 그대로 담아냈다.

SHOPPING LIST

식탁과 화이트 도너츠 의자 // 디자인 가구를 주문 제작해 주는 논현동 예디에서 구입.
싱크대 위 하늘색 트레이와 냄비받침 // 이마트 파티나에서 트레이는 세트에 1만 원대, 냄비받침은 5천 원대에 구입.
주방장갑 // 이케아(IKEA)에서 구입.
냉장고 옆 자석 수납함 // 다이소에서 1천 원대에 구입.
가스레인지 후드 옆 그린 고리 // 동네 소품매장에서 5천 원대에 구입.

경기 양평군 강하면 항금리
주택

138m²

주부 | 이인향

시공 | 부분 시공 | DIY

KITCHEN DATA

평형	138m² (42평)
스타일	컬러풀 스칸디나비아
톤	화이트 + 비비드
주방 가구	싱크대 + 식탁 + 아일랜드 + 수납장 + 선반

자연과 함께 하는
심플 & 빈티지 스타일 키친

도심에서 꽤 떨어진 양평의 한적한 시골에서 찾은 주부 이인향 씨의 전원주택. 집안 구석구석 햇볕이 들 수 있도록 지은 단층의 일자형 구조부터 돋보인다. 일자형 구조를 따라 벽 대신 양쪽에 통창을 둔 것이 이 집의 가장 큰 특징이다. 외관상으로도 놀랍지만 이 집의 가치는 일단 실내에 들어서야 진면목이 드러난다. 그중에서도 도시와는 사뭇 다른 분위기의 주방은 여느 집과는 위치 선점부터 다르다.

무엇보다 주방을 집의 가장 중앙에 두었다. 양쪽으로 난 통창으로 쏟아지는 햇볕을 받으며 주방에 앉아 있다 보면 마치 한적한 교외의 펜션을 찾은 듯한 착각을 불러일으킨다. 기능성을 강조한 간결한 싱크대와 현대적인 주방 기구들이 자연과 어우러져 북유럽의 세련된 주방을 엿보는 듯 싶다.

"주방을 실용적인 공간으로 만들고 싶었어요. 싱크대는 콤팩트하게 설치하고 대신 아일랜드 테이블을 두어 조리를 할 수 있는 공간을 따로 만들었죠. 아일랜드 위 후드는 완벽하게 냄새와 연기를 빨아들일 수 있도록 제작했어요." 그녀의 말처럼 주방 곳곳 동선과 공간 활용을 염두에 두고 설치한 주방 가구들을 만날 수 있다.

싱크대 쪽이 현대적이라면 싱크대 반대쪽은 빈티지하다. 심플한 화이트 벽에 포인트를 주기 위해 앤티크와 컬러풀 빈티지 소품들을 매치한 것. 이 공간에 놓인 식탁과 식탁 의자도 스타일을 맞추기 위해 컬러감이 경쾌한 스타일로 골랐다. 화이트 톤의 심플한 공간에 다채로운 컬러를 믹스하고, 통창을 통해 자연을 그대로 느끼게 하는 등 그녀의 주방은 감각적이고 실용적인 멋이 가득하다.

블로그 blog.naver.com/eloiselee 싱크대 시공 한샘인테리어

그녀의 주방 베스트

북유럽 시스템 키친 포인트

1
창밖이 보이는 싱크대

독특한 싱크대 구조는 주방에서 일하기 간편하도록 배려한 것이다. 창가에 개수대를 설치해 설거지나 식재료를 다듬으면서 창밖을 볼 수 있도록 했고, 아일랜드에 가스레인지를 놓아 조리를 하면서 바로식사를 할 수 있도록 했다.

2
깔끔함이 돋보이는 빌트인 구조

냉장고와 오븐, 식기세척기 모두 빌트인으로 설치해 심플하면서도 기능적인 면을 돋보이게 했다. 함께 설치한 수납장도 콤팩트하게 만들어 공간을 살렸다. 동선을 고려해 주방 가전의 위치를 정한 것도 눈여겨볼 만하다.

3
햇살이 환하게 들어오는 통창과 긴 복도로 카페 분위기

긴 복도와 통창은 공간이 넓어 보이면서도 탁 트인 느낌을 주기 위해 설계한 것. 실제로 주방 양쪽이 통창 구조라 햇살이 하루 종일 들어오고 바깥 경치를 감상하면서 조리를 하거나 식사를 할 수 있어 주방에 머무르는 시간이 많아진다고.

4
북유럽 모티브의 비비드한 그릇과 찻잔

심플한 싱크대와 화이트 톤의 벽 컬러로 인해 밋밋해질 수 있는 부분은 비비드 선반과 식기를 데코레이션해 커버했다. 자연을 모티브로 한 북유럽풍의 식기는 비비드한 컬러감만으로도 색다른 포인트가 된다.

5
서랍식 아일랜드 설치

가급적 주방 용품을 드러내는 것을 원치 않아 싱크대는 물론 아일랜드 하부에 많은 수납이 가능하도록 했다. 특히 아일랜드를 서랍식으로 설치해 각종 조리 도구를 수납했더니 요리 시 동선이 줄었다.

깔끔함을 강조한 콤팩트 수납

가급적 싱크대나 아일랜드 위에 주방 용품을 드러내는 것을 원하지 않아 싱크대 안에 수납을 많이 할 수 있도록 했다. 주로 냉장고 수납장, 개수대 하부장, 아일랜드 하부장에 수납하는 편. 깔끔한 수납을 위해서는 꼭 필요한 물건만 구입하는 자세도 필요하다. 가령 그릇을 구입할 때 기존에 있는 것들과 어울리는 것으로 고르면 굳이 세트로 사지 않아도 되기 때문에 실용적이라고. 한식, 양식 등 요리 종류에 상관없이 잘 어울리는 식기를 좋아하는 편이다.

1 빌트인 가전제품과 함께 설치한 수납장은 주방 사이즈에 맞춰 콤팩트하게 만들어 되도록 많은 주방 용품이 수납될 수 있도록 했다. 싱크대 위에 물건을 늘어놓지 않아도 되기 때문에 언제나 깔끔함을 유지할 수 있다고.
2 전기 콘센트가 밖으로 드러나 보이는 게 싫어서 매입식을 골랐다. 사용할 때마다 터치식으로 누르면 되기 때문에 편리하다고. 사용하지 않을 때에는 감쪽같이 가려져 주방이 깔끔해 보인다.

주방 용품을 거의 드러내지 않았더니 심플한 느낌이 더욱 강조된다. 기능성을 중요시하는 북유럽풍의 인테리어 콘셉트와 잘 맞아 떨어진다.

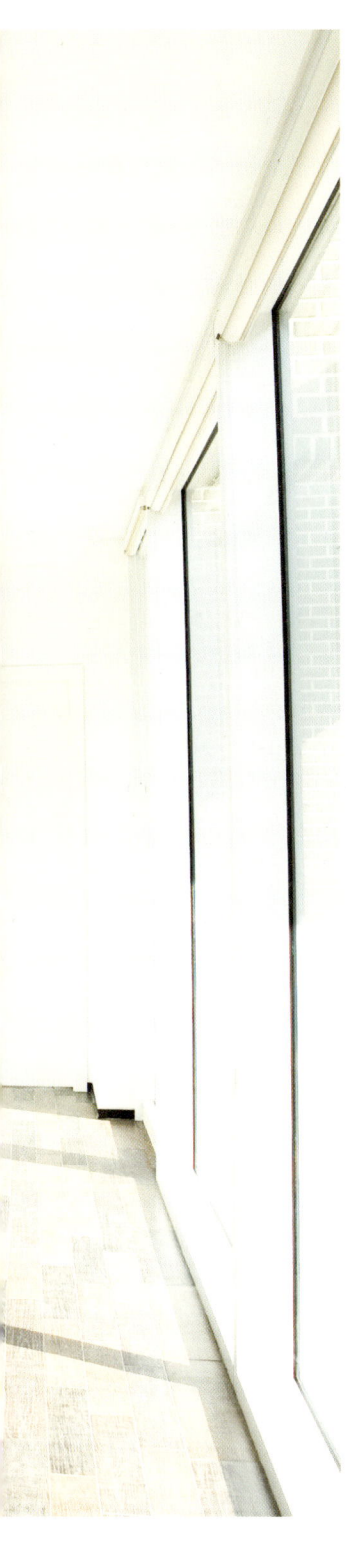

북유럽풍 소품과 디자이너 감성의 주방 가구로 멋스럽게

컬러 포인트가 되는 북유럽풍 그릇과 찻잔, 그리고 앤티크한 소품들은 심플한 주방에 활기를 불어넣는다. 여기에 디자이너 감성이 느껴지는 스타일리시한 조명, 멋스러운 식탁이 더해져 주방이 더욱 화려해졌다. 각각의 주방 가구와 소품들은 하나하나 세심하게 고를 정도로 심혈을 기울였다고. 심플한 주방이라면 조명이나 식탁, 간단한 소품 몇 가지로 분위기를 바꿔 보는 것도 방법이다.

1 식탁 위를 장식하고 있는 멋스러운 꽃병은 집주인이 직접 만든 것. 일반 음료병에 알루미늄 철사를 일일이 감아서 만들었다. 흔하지 않은 스타일이라 식탁 위를 더욱 멋스러워 보이게 해서 아낀다고.
2 식탁 위 조명은 식탁과 식탁 의자과 어울리면서 모던한 스타일로 골랐다. 최소한의 선만 있는 디자인을 선택해 심플한 느낌을 더해 준다.
3 하나의 구성으로 된 식탁과 의자는 세트인 듯 보이나 알고 보면 서로 다른 브랜드 제품이다. 식탁은 이케아에서 구입했고 의자는 덴마크 건축가 아르네 야콥슨(Arne Jacobsen)의 세븐 체어로 1940년대 생산된 빈티지 제품이다.

SHOPPING LIST

주방 바닥 타일 // 논현동 상아타일에서 구입한 빈티지 스타일. 제품명은 'cottage'. 컬러는 올리브 그린.
주방 벽면 선반 // 노르웨이 제품으로 개당 23만 원대에 구입.
주방 벽면 선반 위 그릇과 냄비 // 미국 빈티지 숍에서 개당 5만~40만 원대에 구입.
식탁 // 이케아(IKEA)에서 80만 원대에 구입.

경기 고양시 풍동 주택

158m²

인테리어 스타일리스트 | 최성미

시공 | 부분 시공 | DIY

KITCHEN DATA

평형 158m² (48평)
스타일 모던 북유럽
톤 내추럴 + 우드
주방 가구 싱크대 + 식탁 + 선반

자연과 공존하는 편안함을 담다

도심에서는 보기 드물게 창밖으로 산과 우거진 소나무 숲이 보이는 곳. 시끄러운 소음 대신 재잘거리는 새소리가 아침을 기분 좋게 깨우는 이곳이 인테리어 스타일리스트 최성미 실장의 전원주택이다. 산 중턱에 위치한 그녀의 집은 말로만 들어보면 어느 산골에 있을 법 하지만 사실 도심에서 얼마 떨어지지 않은 곳에 있다.
"집을 짓기로 결정한 것도 자연과 가장 가까이 있을 수 있다는 장점 때문이에요. 시공할 때도 자연을 훼손시키지 않으려고 오래된 나무는 그대로 두었답니다." 건축가인 그녀의 남편이 인근에 주택 공사를 하면서 찾아냈다는 이곳은 도시 생활을 당장 청산하도록 만들 만큼 매력적이다.
그녀의 집에는 창이 크고 많다. 창을 많이 두어 햇살을 집안으로 끌어들이려고 한 것인데, 이는 북향집의 단점을 덜기 위해서라고. 주방 위 작은 창들은 햇빛을 오랫동안 집안에 들이려고 낸 아이디어 중 하나다. 주방 역시 숲 산책길이 보이는 통창이 있어 주방 일을 하면서도 언제든지 자연을 느낄 수 있다.
넓은 창과 나뭇결이 그대로 살아있는 주방 가구와 밝은 톤의 마감재, 그리고 회벽은 북유럽 스타일을 그대로 함축해 놓은 듯하다. 여기에 빈티지한 소품과 내추럴한 주방 용품이 한데 어우러져 편안하면서도 아기자기한 분위기가 연출되었다. 절묘한 스타일의 조화를 성공적으로 연출한 것은 최성미 실장의 타고난 인테리어 감각 덕분이다. 감각적인 스타일링 노하우가 주방 곳곳에 스며들어 전문가의 솜씨를 한눈에 느낄 수 있을 만큼 멋스러운 공간으로 만들었다.

홈페이지 집을 그리다 www.drawinghome.co.kr

그녀의 주방 베스트

북유럽 감성 인테리어

1
숲이 보이는 넓은 창

그녀가 가진 주방에 대한 로망 중 하나가 숲을 보면서 설거지를 하는 것이었다. 이 로망은 숲이 훤히 보이는 큰 창과 평행으로 놓인 아일랜드에 개수대를 둠으로써 실현되었다. 주방에서 사계절의 변화를 고스란히 느낄 수 있어 더없이 좋다고.

3
인덕션레인지와 개수대가 있는 기능성 아일랜드

가족과 대화하면서 주방 일을 할 수 있도록 만든 아일랜드는 다양한 역할을 한다. 개수대와 인덕션레인지가 함께 있어 조리 공간이 넉넉해졌고, 수납공간까지 함께 갖추었으니 말이다. 하부는 철제로 마감해 인더스트리얼 느낌도 더했다.

2
시스템 가구를 연상시키는 실용적인 싱크대

냉장고가 빌트인 구조로 된 것처럼 보이는 이유는 냉장고가 들어갈 사이즈를 정확히 측정해 설치한 싱크대 때문. 냉장고 옆면이 튀어나오는 단점을 막기 위한 아이디어였다. 냉장고를 둘러싼 수납장도 실용성을 강조해 기능적으로 보인다.

4
**모던과 빈티지가 믹스된
식탁과 식탁 의자**

스틸 마감이 색다른 원목 식탁과 빈티지한 식탁의자는 모던하면서도 빈티지스러운 멋이 난다. 컬러 포인트가 되는 레드 컬러의 베이비 체어는 식탁이 있는 공간에 색다른 활력을 불어 넣어 준다.

5
거실과 공간을 분리해 주는 슬라이딩 도어

거실에서 주방이 한눈에 보이는 구조이지만 독립된 공간으로 연출하고 싶을 때를 위해 슬라이딩 도어를 설치했다. 요리를 하는 동안 닫아두면 냄새를 막을 수 있어서 실용적이다. 아직 어린 아이들의 안전을 위한 장치로도 활용도가 높다.

6
**부분적으로 공간을 비추는
펜던트 라이트로 은은하게**

천장에 늘어뜨려 부분적으로 공간을 비추는 펜던트 라이트가 주방을 아늑한 공간으로 만들어 준다. 너무 밝지 않고 은은한 정도의 불빛이라 편안하면서도 포근하다. 원하는 공간 중 하나만 선택해서 조명을 켤 수 있다는 장점도 있다.

오픈 수납장으로 자유분방한 느낌 살리기

북유럽 스타일에 있어 중요한 것 중 하나가 편안함을 살리는 일이다. 자로 잰 듯 정확하게 떨어지는 것이 아니라 서로 불규칙하게 섞여 조화를 이룬다. 수납에 있어서도 완벽하게 감추기보다는 오픈되어 그 나름대로의 멋이 있고, 찾아 쓰기 간편하도록 만드는 것이다. 그녀의 주방에서도 이런 원칙을 발견할 수 있다. 싱크대와 아일랜드에 깔끔하게 수납을 했지만, 창 옆에 오픈 수납장을 둔다거나 오픈 선반을 두어 자유로운 분위기를 연출했다. 편안함을 느끼는 순간부터 주방은 깔끔하게 치워야만 하는 부담스러운 곳이 아닌, 어느 정도의 여유를 허용하는 친근한 공간이 되는 듯 하다.

1 열었다 닫았다 편리하게 이용할 수 있는 사슬문 찬장은 깔끔하면서도 효과적인 수납이 가능하다. 전기밥솥이나 전자레인지 등의 주방가전 제품을 넣어 두면 주방이 깔끔해 보인다.
2 오픈 선반에 올려 둔 빈티지 소품과 찻잔, 책 등이 자유롭고 개성있는 분위기를 만들어 준다. 선반 밑에 고리를 달아 수납한 센스도 돋보인다.
3 창 옆 오픈 수납장은 사실 두꺼비집을 가릴 목적으로 붙박이장을 만들어 설치한 것. 선반 위에 다양한 소품들을 올려 두니 제법 멋스러운 인테리어 아이템이 되었다.
4 그녀가 자주 쓰는 인테리어 아이디어 중 하나는 실사 프린트다. 사진을 찍어 실사 프린트를 한 뒤, 데커레이션을 하면 색다른 멋이 난다. 이는 수납 시 지저분한 부분을 가리는 용도로도 사용하는데 색다른 분위기를 낼 수 있다.

적재적소에 매치한 소품은 남다른 스타일링 효과를 발휘한다. 심플하지만 감각적인 소품 몇 가지로도 공간이 멋스러워진다.

어느 것 하나 어긋남 없이 사이좋게 어우러진 주방 가구와 소품이 주방을 근사한 공간으로 만들어 준다.

믹스매치의 묘미를 느끼다

그녀의 주방을 생기 있게 만들어 주는 건 다양한 소품의 힘이 크다. 빈티지, 북유럽, 내추럴 등 한 가지 스타일을 고집하지 않고 다양한 아이템을 모아 두는 편인데, 의외로 서로 잘 어울려 자연스러운 멋을 내고 있다. 마구 뒤섞여 있는 듯 보이지만 몇 가지 컬러 톤으로 제한한 것이며, 아이템별로 각각의 위치가 정해져 있는 점에서 스타일링 솜씨가 예사롭지 않다는 것을 보여 준다. 소품 한켠에 자주 보는 책을 함께 두는 것도 그녀가 좋아하는 스타일링 노하우다.

1 인테리어 소품이 아주 화려할 필요는 없다. 그녀의 주방에서는 매일 쓰는 에이프런도 개성 있는 소품이 될 수 있다. 싱크대 손잡이에 무심한 듯 걸어 두기만 해도 멋스럽다.
2 근사한 인테리어 효과를 내는 주방으로 꾸미고 싶다면 빈티지 아이템을 매치해 보도록. 그녀의 주방에서 그 힌트를 얻자면 선반 위 주방 용품 사이에 빈티지 소품을 하나씩 두면 훨씬 경쾌해진다.
3 그림을 걸지 않아도 갤러리 느낌을 낼 수 있는 게 바로 엽서다. 아기자기한 그림이나 사진이 있는 엽서 여러 장을 함께 두면 미니 갤러리를 보는 듯 즐거워진다. 밋밋한 냉장고에 컬러감이 돋보이는 엽서를 붙여 감각적인 주방으로 변신한 센스가 굿.
4 자연 친화적인 북유럽 감성을 느끼고 싶다면 식탁에 작은 꽃병을 두자. 크고 화려한 꽃일 필요는 없다. 작은 유리병에 식물이나 꽃을 몇 가지 정도 넣어 두기만 해도 된다.

SHOPPING LIST

주방 옆 벽 화이트 벽시계 // 압구정동 숍 티오도 t.odo에서 판매하는 것으로 지인에게 선물 받은 것.
알파벳 벽 장식 오브제 // 루밍 www.rooming.co.kr 제품으로 선물 받은 것.
터치 블루 찻잔 // 스케치 www.sketch1993.co.kr에서 4만~5만 원대에 구입.
철재 식탁 의자 // 인디테일 www.indetail.co.kr에서 구입.

식탁에 올려만 두어도 데커레이션 효과를 내는 컬러풀한 커피잔 세트.

| SCANDINAVIA KITCHEN |
| 전문가 어드바이스 |

북유럽 스타일 주방
시공 & 스타일링 TIP

●도움말 최성미 실장(집을 그리다 www.drawinghome.co.kr)

시공 구조변경

전면 개조를 할 경우, 창은 크게 내기
전체적으로 리모델링을 한다면 주방에 큰 창을 내어 보자. 나무가 보이는 바깥 풍경이 없어도 햇살과 바람이 주방으로 잘 통하게 하는 것만으로도 자연스러운 분위기가 깃든다. 큰 창을 내기 힘든 구조라면 보조주방을 확장해 적극 활용하는 것도 좋은 아이디어가 될 수 있다.

주방 한켠에 주부만의 작업 공간 만들어 보기
직접 만들고 꾸미기 좋아하는 북유럽의 주부들처럼 주방 한쪽에 나만의 작업 공간을 만들어 보자. 그 공간에서 책을 보거나 바느질을 하는 등의 취미활동을 하면 주방에서 머무르는 시간이 더욱 즐거워지게 마련이다. 큰 공간이 없이 작은 테이블과 스툴 하나만 있어도 된다. 또는 벽면에 폭이 좁은 우드 테이블을 미니 사이즈로 설치하는 것도 좋은 방법.

시공 마감재와 벽

화려한 마감재는 NO, 간결하면서도 감각적으로
고급스럽고 화려한 마감재는 북유럽 스타일에 어울리지 않는다. 특히 다양한 재료를 믹스해 멋을 부린 인테리어는 피해야 한다. 소박하면서도 간결해 보일 수 있는 마감재를 고르고, 싱크대도 심플하면서도 자연적인 느낌의 디자인을 고르는 것이 좋다. 가공을 최소화해 자연 그대로의 나무 소재를 이용한다면 굿.

바닥은 되도록 우드 소재로
북유럽 스타일에 있어 타일이나 대리석 바닥은 그닥 어울리지 않는다. 약간은 낡은 듯 빈티지한 우드 바닥이 잘 어울린다. 강화마루 등의 마루를 시공하기 어렵다면 데코타일을 이용한다. 요즘은 나뭇결을 그대로 표현한 제품이 많이 나와 있어 마루를 시공한 듯한 효과를 낼 수 있다. 단, 데코타일의 경우 이음새가 벌어지거나 본드가 새어 나올 수 있으므로 주의한다.

스타일링 컬러와 톤

화이트와 비비드 컬러의 다양한 조화
북유럽 스타일의 특징 중 하나는 화이트를 기본으로 하되, 여기에 다채로운 컬러를 적절히 믹스한다는 데 있다. 간결한 주방에 컬러를 과감하게 매치해 생기를 불어넣어 주기 위함이다. 이렇게 컬러를 믹스할 경우 넓은 공간에 포인트 컬러를 두기보다는 테이블 웨어, 티타올 등의 소품으로 포인트를 주는 게 좋다.

싱그러운 자연을 모티브로 한 패턴으로 스타일링
자연과 늘 함께 하는 북유럽피언들은 자연을 주제로 한 패턴이 들어간 소품들을 많이 사용한다. 자작나무나 새, 물고기 등의 패턴이 들어간 타일이나 그릇, 찻잔, 패브릭 등은 주방에 두는 것만으로도 북유럽 스타일로 연출할 수 있다.

리폼으로 북유럽 스타일 연출해 보기
새로운 주방 가구를 사지 않더라도 북유럽 스타일로 연출할 수 있는 방법이 있다. 바로 기존의 가구를 북유럽 스타일로 리폼하는 것. 거창한 리폼이 아니라 식탁 의자에 북유럽 스타일의 패브릭으로 커버링을 하는 것만으로도 그 느낌을 낼 수 있다. 혹은 기존에 있던 가구에 새로 페인팅을 하고 살짝 샌딩 효과만 내어 자연스러움을 살려 주면 나만의 북유럽 스타일 가구로 만들 수 있다.

스타일링 주방 가구와 소품

나무의 특성을 살린 소품과 가구 고르기
자연 친화적인 나무를 그대로 느낄 수 있는 주방 가구로 따스하고 안락해 보일 수 있도록 꾸며 보자. 이때 가구는 화려하고 디테일이 강한 스타일보다는 심플하지만 실용적이고 감각적인 디자인 포인트가 들어간 것이 잘 어울린다.

개방형 수납으로 자연스러운 스타일링 효과 주기
너무 깔끔하게 정리된 것보다는 자연스럽게 늘어놓은 듯한 스타일이 더 잘 어울린다. 싱크대도 답답한 상부장 대신 선반 등의 오픈형으로 선택해 자주 쓰는 주방 용품을 올려 두자. 소품과 식기류 등이 어우러져 편안하면서도 따스한 분위기를 만들어 준다.

작은 평수라면 하부장에 패브릭으로 마감하기
싱크대 하부장 문을 떼어내고 압축봉이나 레일에 패브릭을 달아 주면 문을 열고 닫지 않아도 되어 공간을 훨씬 넓게 이용할 수 있다. 패브릭은 부드럽고 따스한 느낌을 주어 북유럽 스타일로 연출하기에 그만이다. 이때 패브릭은 솔리드 컬러나 자연을 모티브로 한 패턴을 선택한다.

SHOP LIST

**감각적인
북유럽풍
패브릭이 가득**

트리앤모리 www.treeandmori.com
트리앤모리는 나무를 뜻하는 영어 '트리'와 숲을 뜻하는 일본어 '모리'가 합쳐진 이름으로, 자연을 그대로 느낄 수 있는 다양한 패브릭을 선보이고 있다. 직접 디자인한 제품을 소량 판매하고 있어 유니크한 아이템도 만날 수 있다.

**자연 친화적인
가구와 소품이
한자리에**

스케치 www.sketch1993.co.kr
내추럴하면서도 심플한 이미지가 북유럽 스타일과 많이 닮은 다양한 가구를 취급하고 있다. 이외에 패브릭과 아기자기한 소품, 주방 용품, 식기류가 있어 고르는 재미가 있는 곳이다. 스케치에서 판매하는 대부분의 가구는 원목으로 되어 있어 가구를 고르는데 있어 '웰빙'을 중요시 하는 이들에게 추천할 만하다.

**핀란드에서 온
북유럽
전문 인테리어 숍**

마리메꼬 www.marimekko.kr
핀란드 인테리어 브랜드 '마리메꼬'를 직접 만날 수 있는 곳으로 온라인 매장과 오프라인 매장을 동시에 운영하고 있다. 신사동 가로수길에서 찾을 수 있는 '마리메꼬' 매장은 한국에서 처음으로 선보이는 단독 숍이다. 북유럽풍의 옷과 가방, 액세서리, 패브릭, 다양한 주방 용품을 판매하고 있으며 독특하고 이국적인 디자인과 컬러감이 특징이다.

**유니크한
빈티지 주방 용품을
찾는다면**

올디벗구디 www.oldiebutgoodie.co.kr
'낡았지만 좋은 것, 옛날을 생각나게 하는 것'이란 뜻의 '올디벗구디'는 쉽게 만날 수 없는 다양한 빈티지 소품을 선보이는 곳이다. 개성 있는 인테리어로 표현해 주는 빈티지 소품들은 오래되었지만 세련된 멋이 있어 공간을 더욱 멋스럽게 만들어 준다. 특히 북유럽풍의 주방 용품은 색다른 컬러감으로 눈을 즐겁게 해준다.

**센스 있는
리빙 용품과
키즈 아이템**

장차차일드 www.jangchachild.com
아이들을 위한 각종 용품과 리빙 용품이 가득한 온라인 숍이다. 주부들의 마음을 읽는 독특한 리빙 용품이 특히 인기인데, 감각적인 디자인이 특징이다. 재미있는 디자인의 종이컵은 북유럽풍 인테리어로 스타일링하는 데 재미있는 요소를 많이 가지고 있어, 가장 사랑받고 있는 아이템이다.

| 리얼 빈티지 제품을 원한다면 | **더쿠모스탁** www.thekumostock.com
북유럽뿐만 아니라 영국, 일본에서 직접 공수해 온 각종 리얼 빈티지 가구와 소품이 가득하다. 빈티지 느낌을 준 단순한 소품이 아닌 리얼 빈티지로, 현지에서 직접 구입해 오는 제품들을 취급한다. 빈티지 조명, 손잡이 등의 부자재, 가구, 주방 용품 등을 만날 수 있으며, 색다른 리얼 빈티지 주방을 원하는 이들에게 적합하다. |

| 심플한 감각의 북유럽풍 가구 | **매스티지데코** www.mastideco.kr
실용성을 중요시하는 북유럽 감성의 가구들이 다양해 결혼을 준비하는 예비 신부들에게 인기있는 숍이다. 감각적인 디자인에 비해 다소 저렴한 가격대도 인기 요인 중 하나. 원목 느낌의 각종 가구는 물론이고 로맨틱한 스타일도 만날 수 있다. 각종 잡지에서도 많이 소개되었을 만큼 유명한 숍으로 오프라인 숍도 운영하고 있다. |

| 자연 친화적인 가구와 소품 천국 | **마켓엠** www.market-m.co.kr
기능적이지만 세련된 감각을 느낄 수 있는 가구와 소품으로 유명한 곳. 북유럽풍 인테리어를 위한 원목 느낌의 가구들은 별다른 장식이 없어도 이국적이고 멋스럽다. 온라인 숍에서도 다양한 제품을 판매하고 있어 오프라인 매장을 직접 찾기 힘든 이들에게도 아주 유용하다. 내추럴한 패브릭이나 문구류도 인기. |

| 감각적인 주방을 위한 소품 숍 | **컨츄리앤하우스** www.countrynhouse.co.kr
내추럴하면서도 컨트리한 각종 리빙 용품이 가득한 곳이다. 자연친화적인 소품과 패브릭은 보기만 해도 편안하고 안락한 느낌을 준다. 북유럽풍 뿐만 아니라 일본풍 내추럴 인테리어에도 어울리는 소품이 가득하다. 그리고 세월의 흔적이 느껴지는 빈티지 소품과 앤티크 소품도 있어 믹스매치 스타일링을 위한 아이템도 만날 수 있다. |

| 개성 있는 조명을 위한 공간 | **메가룩스** www.megalux.kr
독특하고 아이디얼한 조명이 가득한 온라인 숍. 흔하지 않는 디자인이 많아 색다른 디자인을 찾는 이들을 위한 곳이다. 실용적인 감각이 느껴지는 주방 등부터 스테인드글라스를 담은 빈티지한 식탁 등까지 다양하다. 컬러감이 돋보이는 제품이 많아 북유럽풍 스타일을 위한 재미있는 조명을 많이 만날 수 있다. |

PART 3

ROMANTIC ANTIQUE KITCHEN

로맨틱에도 빈티지 앤티크의 시대가 열렸다. 다소 무거워 보이기 십상이던
앤티크 스타일에 빈티지풍의 로맨틱이 사뿐히 내려 앉았다.
화이트 컬러를 베이스로 앤티크한 주방 가구와 다양한 패턴의 패브릭이
조화를 이룬 로맨틱 앤티크 키친으로 안내한다.

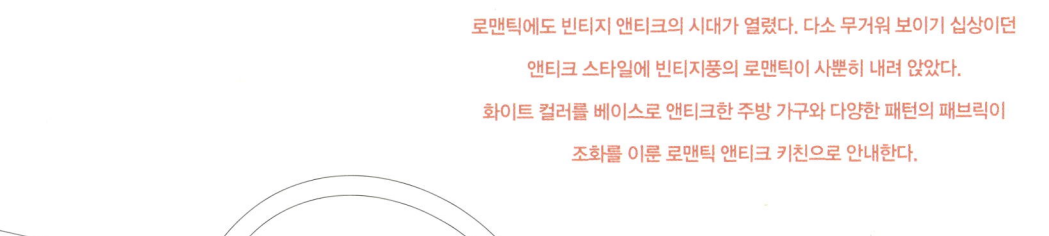

인천 서구 당하동 아파트
105m²

패브릭 디자이너 | 이정분

KITCHEN DATA

평형	105m² (32평)
스타일	빈티지 앤티크
톤	블루+화이트+옐로
주방 가구	싱크대+식탁+그릇장+수납장
DIY 아이템	식탁 의자

구조변경　부분 시공　DIY

빈티지 가구와 컬러 소품으로
만든 이국적인 주방

유럽 시골마을의 작은 주방에 온 듯한 상상을 불러일으키는 이국적인 공간. 라이트 블루 컬러의 그릇장과 빈티지한 식탁, 내추럴한 소품들은 어느 것 하나 예사로운 것이 없다. 집주인인 이정분 씨의 오랜 노력의 결과이기도 하다.

사랑스러운 블루 컬러가 돋보이는 그릇장은 오랜 시간을 기다려 집 안에 들여놓은 것이고, 그 옆 빈티지 수납장도 오래전 구입해 지금까지 쓰고 있는 손때 묻은 아이템이다. 주방을 가득 채우고 있는 빈티지 그릇과 컵 등도 오랜 시간 하나하나 구입해 모은 것들. "오래된 것들이 많아서 더 정감이 간답니다. 두고두고 봐도 질리지 않고 애착이 가요. 그래서 더 주방을 사랑하게 되는 것 같아요."

이 집으로 이사를 결정하고 나서 가장 고심했던 것이 리모델링 계획이었다. 무엇보다 지금까지 모아 온 빈티지 앤티크의 가구와 그릇과의 어울림이 제일 중요했기 때문이다. 결국 가장 큰 공간을 차지하는 냉장고는 보조주방으로 빼고 대신 그릇장과 수납장, 식탁을 주방 안으로 들여오기로 했다. 그리고 주방 입구와 보조주방과 이어지는 공간을 아치형 몰딩으로 마감해 이국적인 분위기를 살릴 수 있도록 했다.

빈티지 가구들이 유독 돋보이는 이유는 바로 심플하면서도 감각적인 싱크대 덕분. 화이트 컬러는 가구와 컬러 소품들을 돋보이도록 도와주면서 주방의 컬러 톤을 균형 있게 맞춰 주는 역할을 한다. 그리고 빈티지한 블루 스톤 타일도 주방의 확실한 스타일링 포인트가 되었다. 블로그 blog.naver.com/manila1215

그녀의 주방 베스트

빈티지 가구 & 소품 스타일링

1
인테리어 효과를 높이는 아치형 몰딩과 패브릭 커튼

그녀의 주방에 로맨틱한 느낌을 더해 주는 요소는 아치형 몰딩의 힘이 크다. 거실에서 주방으로 들어가는 입구와 보조주방으로 나가는 입구를 아치형으로 마감했다. 튀어나온 냉장고를 살짝 가려주기 위해 패브릭 커튼을 내려 주었더니 훨씬 아늑해졌다.

2
빈티지 옷 수납장이 주방 수납장으로 변신

세월의 흔적이 느껴지는 화이트 수납장은 원래 옷 수납장이었지만, 주방으로 옮겨왔다. 주방 패브릭이나 소소한 주방 소품을 넣어 두었더니 실용적이면서도 주방 인테리어를 한층 돋보이게 해준다. 수납장 위에 패브릭을 깔고 앤티크 접시와 저그, 바구니를 두니 훨씬 근사하다.

3
커피 잔은 행어에 걸어 간편하게

컬렉트용 커피 잔 외에 자주 사용하는 커피 잔은 싱크대 상부장 바로 아래에 행어를 달아 손잡이를 매달아 하나씩 고정시켰다. 사용하기도 편하고 수납 걱정도 없고, 게다가 앤티크풍의 인테리어 효과까지 있으니 일석삼조.

4
집 전체 컬러와 맞춘 주방 가구

화이트와 라이트 블루에 맞춘 집 전체 컬러 톤과 자연스럽게 어울리도록 주방 가구도 스카이 블루 컬러로 맞춘 센스가 돋보인다. 사랑스러운 빈티지 블루 그릇장과 식탁 의자의 컬러를 맞추었더니 마치 오랫동안 함께 있어 온 듯하다. 수납장은 스카이 블루 컬러가 예뻐 앤티크 숍에서 보자마자 주문한 것이고, 식탁 의자는 직접 칠한 것.

5
싱크대 오픈장은 패브릭으로 컨트리하게

한 가지 통일된 콘셉트를 잡았다 해도 다른 스타일이 살짝 믹스되어야 세련되어 보인다. 정분 씨는 앤티크한 가구에 패브릭은 컨트리하면서도 내추럴한 스타일로 매치했다. 싱크대 오픈장에도 커튼 봉을 달고 린넨 커튼을 달았다.

그녀의 주방은 독립적이지만 결코 집 전체 인테리어에 어긋나지 않는다. 주방에서 바라본 거실의 로맨틱한 풍경이 주방과 많이 닮아 있다.

기분이 좋아지는 주방 소품의 매력

보기만 해도 미소가 지어지는 사랑스러운 주방 공간을 만들기 위해서는 소품의 힘이 필요하다. 편안한 느낌의 왕골 바구니와 각종 패브릭, 그리고 빈티지 소품들을 적절하게 두기만 해도 공간이 달라 보인다. 그리고 한 가지 더. 정분 씨가 선택한 것처럼 딱딱한 느낌을 주기 쉬운 냄비나 팬은 컬러감이 있는 아이템으로 고르면 훨씬 부드러운 느낌을 줄 수 있다. 소품을 주방에 매치할 때도 컬러 베리에이션을 반드시 고려해, 주된 컬러 톤에 몇 가지 기본 컬러를 더해 그 컬러에 맞는 소품을 골라야 복잡해 보이지 않는다.

1. 세탁실로 이어지는 주방 문에 창을 달고 레드 체크 패브릭으로 커튼을 만들어 주었더니 공간이 로맨틱해 보인다. 세탁기 위 패브릭도 같은 소재로 통일해 컬러 포인트를 주었다.
2. 다크한 분위기의 싱크대 상판 위에는 컬러풀한 주방 용품을 매치해 경쾌하면서도 밝은 느낌을 더했다.
3. 보조주방에 원래 있던 새시창은 그 위에 목문을 짜 넣어 집 안에 채광을 늘렸다. 바로 아래에 엔티크한 선반형 수납장을 두어 빈티지한 창가를 연출했다.
4. 애지중지 모아온 앤티크 그릇이 가득한 그릇장에는 레이스 패브릭을 사이사이에 놓아 로맨틱한 분위기를 자아낸다. 수납장에 그릇을 세팅할 때도 컬러나 디자인에 변형을 주어 세팅 효과를 높인다.

키 낮은 상부장이라면 상부장 위에 왕골 바구니를 올려 보자. 허전한 공간을 따스하면서도 내추럴하게 만들어 준다.

SHOPPING LIST

스카이 블루 그릇장 // 데이지하우스 www.e-daisyhouse.co.kr에서 구입.
빈티지 수납장 위 찻잔과 저그 // 비올리 영국 제품으로 이태원 앤티크 숍에서 구입.
식탁 위 샹들리에 // 이태원 앤티크 숍에서 구입.
식탁 // 이태원 앤티크 숍에서 구입.
왕골 바구니 // 남대문시장과 대형마트에서 1만~5만 원대에 구입.

서울 마포구 성산동 아파트
112m²

주부 | 권보경

KITCHEN DATA

평형	112m² (34평)
스타일	핑크 로맨틱
톤	화이트 + 핑크
주방 가구	싱크대 + 식탁 + 아일랜드 + 수납장

달콤한 시간을 꿈꾸는 로맨틱 키친

두 아이의 엄마이지만 여전히 소녀의 감성을 가진 주부 권보경 씨. 그녀가 꾸민 주방은 이런 감성을 고스란히 담은 사랑스럽고 동화 같은 곳이다. 기본 콘셉트는 로맨틱. 로맨틱한 집 안 분위기에 맞게 주방도 화이트와 핑크 톤으로 바꾸었다. 주방 리모델링에서 가장 고심한 부분은 싱크대였다. 흔한 일자나 ㄱ자형 싱크대 구조에서 벗어나고 싶었던 그녀는 아일랜드 테이블을 선택했다. 덕분에 ㄷ자형 싱크대에 조리 공간을 덤으로 얻어 실용적이면서 독특하기까지 하다. 싱크대 상판과 싱크대 컬러는 화이트로 통일하고 대신 타일을 핑크색으로 포인트를 주었다. 직접 그린 싱크대 도면과 소품 디자인을 바탕으로 주문 제작해 완성되었다.
거실과 주방 사이에는 가벽을 세웠는데, 두 공간을 분리해 주면서도 답답해 보이지 않아 '역시 잘 했다'라는 생각이 든다고. 로맨틱한 느낌을 주기 위해 심플한 파벽돌 사이사이 장미 문양이 있는 파벽돌을 넣어 지루함을 덜어 주면서도 사랑스러운 분위기가 물씬 난다.

블로그 blog.naver.com/qkrgustn888 시공 핑크핑크 www.pinkdeco.co.kr

그녀의 주방 베스트

공간별 로맨틱 스타일링

1
**사랑스러운 아이들 사진이 있는
따스한 주방 코너**

주방과 아이방 사이 코너에 수납장을 들이고, 아이들 사진을 넣은 액자를 올려 두었다. 웃음 가득한 아이의 사진이 주방을 더욱 환하게 밝혀 준다. 액자와 함께 매치한 스탠드와 꽃병도 부드러운 느낌을 더해 준다.

2
**싱크대를 밝히는
주방 조명과 핑크 타일**

그녀의 주방에서 싱크대가 특히 빛나는 이유는 색다른 조명 시공 때문. 주방 창 위에 설치한 매입식 조명이 싱크대를 비추어 화사하고 로맨틱함을 더한다. 여기에 핑크 컬러의 타일이 조명과 함께 더 사랑스러운 분위기를 낸다.

3
개수대 위, 엣지 있는 밸런스 커튼
화이트 원단에 레드 컬러 자수가 있는 미니 밸런스 커튼은 주방 창을 이국적으로 만들어 준다. 작은 압축봉과 패브릭만 있으면 누구나 쉽게 만들 수 있다.

4
웨인 스코팅한 주방 벽과 빈티지 주방 가구의 만남
화이트 페인트로 칠한 주방 벽에 웨인 스코팅을 해 격조 있는 분위기를 더했다. 여기에 빈티지한 옅은 파스텔 컬러 선반과 수납장이 더해져 주방 인테리어에 안정감을 준다. 화이트 컬러의 벽은 어떤 주방 가구를 매치해도 잘 어울리기 때문에 적극 추천한다고.

5
식탁 위 소품은 블루 계통의 프렌치풍으로
화이트와 핑크 컬러가 많이 들어간 주방이라 주방 패브릭은 블루나 크림 컬러 계통으로 사용하는 편. 컬러풀한 감각이 살아 있는 플라워 프린트 테이블 매트는 컬러 변화를 줄 뿐 아니라 레이스 테이블보와 어우러져 더욱 로맨틱하다.

1

주방 가구를 이용한 분리형 수납법

보경 씨의 꼼꼼한 살림 솜씨는 수납법을 보면 금방 알 수 있다. 싱크대, 아일랜드 테이블, 수납장 등 주방 가구별로 수납할 아이템을 나누어 언제든 쉽게 찾을 수 있도록 했다. 싱크대에는 그릇이나 냄비 등을, 아일랜드 테이블에는 자잘한 주방 용품을, 수납장에는 특별한 날에 쓰는 주방 소품이나 패브릭 등을 수납했다. 가구별로 아이템을 구분해 두었기 때문에 어디에 두었는지 몰라 주방을 샅샅이 뒤져야 하는 수고를 덜어 준다.

2

1 벽면에 설치하는 걸이를 이용해 찻잔을 수납했다. 잔과 받침대를 각각 걸어 두니 색다른 공간이 탄생되었다.
2 빈티지 수납장 위에는 심플하면서도 로맨틱한 식기류를 올려 두어 수납과 스타일링 효과를 함께 거두었다.
3 아일랜드는 한쪽 면을 오픈형으로 디자인해 수납공간을 넣었다. 핑크 컬러의 바구니를 이용해 자잘한 주방 소품을 수납했다. 테이블은 이동 가능하게 제작해 위치 변경이 손쉬워 더욱 실용적이다.

3

사랑스러운 소품들로 로맨틱 향기가 가득

빈티지와 앤티크, 그리고 내추럴 소품들이 어우러져 따사로운 공기가 감도는 이 공간은 주방을 가장 오래 머물고 싶은 곳으로 만들고 싶었다는 안주인의 바람이 이루어진 공간이기도 하다. 수저통, 양념 통 등 작은 것 하나까지도 예쁜 것만 고집하느라 가격도 만만치 않고 관리하는 데에도 공이 많이 들어가지만 그 덕에 주방이 빛나니 그 수고쯤은 아무렇지도 않다고.

유독 핑크를 좋아해서 고른 각종 핑크 그릇류와 핑크 소형 주방 가전들. 핑크 컬러의 소형 주방 가전들은 모두 키친에이드와 칼립소 브랜드 제품.

1 오래된 빈티지 서랍장은 벽에 걸린 앤티크 찻잔과 함께 어우러져 고풍스런 느낌이 든다. 앤티크 가구는 화이트 페인팅 하나만으로도 로맨틱한 멋을 낼 수 있다.
2 주로 거실이나 침실에 사용하는 샹들리에를 과감하게 주방 조명으로 선택했다. 식탁 등과 싱크대를 비추는 등 핑크 컬러의 샹들리에 때문인지 주방이 더욱 사랑스러워졌다.
3 평소에는 조리 공간으로 이용하지만, 요리를 하지 않을 때에는 멋진 소품을 올려 둔다. 앤티크한 독서대를 두고 자주 보는 책이나 인테리어 잡지를 올려 두니 색다르다.

SHOPPING LIST

싱크대 위 핑크 소형가전 ∥ 해외 쇼핑몰 이베이 www.ebay.com에서 직접 구입.
주방 밸런스 커튼 ∥ 핑크핑크 www.pinkpink.co.kr에서 구입.
식탁과 식탁 의자 ∥ 핑크핑크 www.pinkpink.co.kr에서 제작.
앤티크 받침대 ∥ 해외 쇼핑몰 아마존 www.amazon.com에서 직접 구입.

| 구조변경 | 부분 시공 | DIY |

경기 파주시 교하읍 야당리 복층아파트
148m²

리모델링 디자이너 | 배경순

KITCHEN DATA
평형   148m² (45평)
스타일   빈티지 앤티크
톤   화이트
주방 가구 싱크대＋식탁＋그릇장＋수납장

현대와 과거가 공존하는
빈티지 앤티크 스타일

복층으로 이어지는 높은 천장과 이국적인 큰 창이 있는 집…. 리모델링 디자이너 배경순 씨의 집은 마치 잘 꾸며진 앤티크 쇼룸 같다. 주방에 난 창 하나, 복층으로 올라가는 계단 밑 공간 하나, 소소한 소품 하나까지도 그녀만의 남다른 인테리어 감각이 느껴진다. 그래도 그중에서 가장 아름다운 공간을 꼽으라면 단연 주방일 것이다.
그녀의 주방은 세월의 흔적이 머무는 공간이다. 집주인이 오랜 시간 앤티크 숍과 중고 숍, 벼룩시장 등을 돌고 돌아 구했다는 빈티지한 가구와 소품들이 주방 곳곳에서 빛을 발한다. 넓은 주방과 가구와 어울리는 타일 바닥 등 이 모두가 빈티지풍 가구와 소품들을 위한 배경이라도 되는 양, 모두가 꼭 들어 맞듯이 완벽히 어울린다.
주방에서 가장 많은 공간을 차지하는 것이 다이닝 공간인데 이는 가족과 친구들을 위한 그녀 만의 배려다. 널찍한 앤티크 식탁과 의자는 누구나 편하게 앉아 식사를 하거나 차를 마시거나 또는 담소를 나누기 위해 선택했다.

블로그 blog.naver.com/wood0910

그 녀 의 주 방 베 스 트

빈티지한 앤티크 포인트

1
**바닥 타일 시공으로
빈티지 느낌 주기**

빈티지 그린 컬러의 타일은 이국적인 분위기를 낸다. 바닥을 타일로 시공하면 여름엔 시원하고 겨울엔 따뜻한데다 맨발로 바닥을 밟는 느낌도 색다르다고. 요즘은 국산 타일 중에도 멋스러운 제품이 많아 비교적 저렴한 가격에 시공할 수 있다.

2
**상부장을 없애고 후드에
타일 붙이기**

그녀의 주방엔 상부장이 없다. 앤티크 인테리어 콘셉트를 살리기 위해 과감히 상부장을 없애는 대신 타일로 포인트를 주었다. 이 타일을 가스레인지 후드에도 붙여 유럽풍의 주방으로 연출해 준다. 기름때 청소도 수월하다고.

3
**빈티지 창문으로 변신한
주방 창**

원래 주방은 1개의 창으로 된 구조였는데, 그 창을 2개로 나누고 빈티지 창문을 달았다. 이 창틀은 그녀가 앤티크 숍에서 찾아낸 것으로 아늑하면서도 이국적인 분위기가 나서 매우 만족스럽다.

4
**복층 계단 밑 공간에
앤티크 세면대 놓기**

주방과 연결되어 있는 복층 계단 밑에는 의외로 넓은 공간이 있었다. 이 공간에 앤티크한 세면대와 수전을 놓고 빈티지 소품으로 꾸미니 너무나 멋지게 변신했다. 식사하기 전, 간단하게 손을 씻을 수 있어서 실용적이다.

5
**스테인드글라스 장식의
이국적인 보조주방 문**

보조주방으로 통하는 문도 그냥 지나치지 않았다. 작은 창을 낸 후, 스테인드글라스를 넣어 주었는데 화이트 컬러의 문에 포인트가 되면서 이국적인 느낌이 물씬 난다.

6
**앤티크 분위기에 맞춘
빌트인 냉장고**

주방을 스타일링 할 때 인테리어 콘셉트와 맞지 않는 가전제품도 고민이다. 빌트인 냉장고를 들인 것도 그런 이유. 냉장고 겉면에 원목을 덧입히고 앤티크한 손잡이를 달아 주었더니 수납장처럼 보이는 냉장고로 탄생했다.

거실에도 오래된 그릇장을 두고 그녀가 사랑하는 앤티크 접시와 찻잔 세트를 넣어 두었다. 그릇장 옆의 벽 조명과 거울이 어우러져 더욱 멋스럽다.

앤티크 소품을 살려 주는 스타일링 수납법

무조건 가리는 수납보다는 적당히 드러내는 것을 더 좋아하는 그녀다. 바구니를 이용해 예쁜 앤티크 찻잔을 넣어 두고, 컬러감이 멋진 유리잔들은 패브릭 위에 그냥 올려 두었다. 이렇게 드러내는 수납을 할 때는 위생에 보다 신경쓴다. 겉으로 드러나는 만큼 먼지가 앉지 않도록 패브릭을 살짝 덮어 주거나 수시로 닦아 주어야 한다고. 자주 쓰는 주방용품은 대부분 싱크대 하부장에 넣고, 자주 쓰지 않는 것들은 보조주방 수납공간에 주로 보관한다.

1 로맨틱한 스타일의 앤티크 그릇장은 그녀가 수집하는 빈티지 앤티크 식기류와 너무나 잘 어울린다. 그릇장 안쪽 뿐만 아니라 그릇장 위, 벽면을 모두 이용해 수납한다.
2 수납을 위해 자주 이용하는 바구니는 덮개가 없다는 것이 단점. 그래서 바구니와 잘 어울리는 패브릭 덮개를 자주 이용한다. 수납 아이템이 살짝 보이도록 패브릭을 반쯤 덮어주는 것이 포인트.
3 컬러풀한 유리잔은 싱크대 위에 올려 두는 편. 이때 심플한 패브릭을 밑에 깔고 유리잔을 뒤집어 두면 청결도 만점이다.
4 냉장고에 굳이 들어가 있지 않아도 되는 채소는 빈티지 법랑에 보관하는데, 법랑 안에 패브릭을 넣어 두고 보관해 주면 열었을 때도 멋스럽다고. 인테리어 효과를 위해 데코한 소품을 수납공간으로 적극 활용한 예다.

앤티크와 빈티지가 만난 이국적인 주방은 볼거리가 많은 소품 숍을 연상시킨다.

오랫동안 발품 팔아 모은 소품으로 장식하기

그녀의 주방을 가득 채우고 있는 앤티크 & 빈티지 소품은 리모델링하면서 갑자기 구입한 것들이 아니다. 이곳에 이사 오기 오래전부터 모아 온 것들로, 소품들이 간직해 온 역사에 버금갈 정도로 오래되었다. 특히 앤티크 숍과 벼룩시장, 해외 인테리어 숍을 꼼꼼하게 뒤져서 구입한 것이라 더욱 애착이 가고 하나하나 사랑스럽다고. 온라인 숍을 이용하지 않는 이유는 눈으로 직접 보고 내 집에 가장 잘 어울리는 소품을 고르기 위해서다. 그녀의 정성만큼이나 멋들어진 것들이라 주방을 더 분위기 있게 만들어 주는 듯하다.

1 주방 등은 모두 은은한 조명으로 선택했는데 싱크대는 매입등으로, 식탁 위에는 샹들리에를 골랐다. 화이트 톤의 주방에 컬러 포인트를 주면서 화려함을 강조했다.
2 앤티크 장식 접시를 주방 벽면에 고정시켜 두면 접시마다 자신의 역사를 뿜어 내듯 주방을 작은 박물관으로 만들어 준다.
3 곳곳에 걸쳐진 로맨틱한 패브릭은 앤티크 스타일링에 빠져서는 안 될 요소. 식탁 의자나 테이블 걸이 등에 살짝만 걸쳐 두어도 은은한 매력이 느껴진다.
4 싱크대 위에 있는 빈티지 소형 가전들. 빈티지 토스트기와 미니 오븐, 원두기계 모두 영국에 사는 지인이 선물해 준 것들이다.

SHOPPING LIST

그릇장 위 앤티크 그릇과 찻잔 // 모두 하빌랜드 제품으로 앤티크 숍에서 구입.
주방 패브릭 // 이태원 앤티크 숍이나 이베이 www.ebay.com에서 구입.
복층 계단 아래 세면기와 수전, 빈티지 소품 // 모두 영국 제품으로 아는 지인에게서 선물 받은 것.
싱크대 위 컬러풀 유리잔 // 이태원 앤티크 숍에서 구입.

시공 | 부분 시공 | **DIY**

경기 남양시 화도읍 가곡리 주택
148m²

쇼핑몰 CEO | 윤미경

KITCHEN DATA
평형　　148m² (45평)
스타일　빈티지 앤티크
톤　　　크림 화이트
주방 가구　싱크대 + 식탁 + 그릇장 + 수납장
DIY 아이템　싱크대 + 주방가벽 + 창문 스텐실

빈티지한 매력이 넘치는
레트로 스타일 키친

복잡한 도심을 벗어나 울창한 나무와 새소리, 그리고 물소리가 들리는 한적한 시골길에 근사한 이층집이 자리잡았다. 인테리어 쇼핑몰 데이지하우스를 운영하는 윤미경 씨와 그녀의 남편이 직접 설계하고 시공한 이곳은 이사한 지 7년이 넘었지만 방금 이사 온 듯 깔끔하면서도 멋스럽다. 모두 살면서 직접 고치고 스타일링했기 때문이다.
마당에 들어서자마자 보이는 프렌치풍 도어 너머에는 거실이 아니라 주방이 자리 잡고 있다. 이 집이 특별하면서도 색달라 보이는 이유가 바로 이 주방에 있다. "테라스가 있는 주방을 갖고 싶었어요. 집 설계 때부터 신경을 썼죠. 햇살이 가장 잘 들어오는 위치에 주방을 두었어요."
그녀의 주방은 이 집에서 가장 먼저 햇살이 들어오면서 오랫동안 머물러 있는 곳이기도 하다. 주방 인테리어도 밝은 느낌을 주기 위해 크림 화이트 톤으로 통일했다. 함께 스타일링한 패브릭도 린넨이나 레이스 등으로 골라 자연스럽게 가구와 어우러지도록 했다. 화려한 컬러 하나 없어도 더없이 근사한 공간이다.

블로그 blog.naver.com/qazx7777

그녀의 주방 베스트

이국적 공간 연출 노하우

1
밝은 주방을 위한 프렌치 도어

테라스로 나가는 프렌치 도어는 주방에 햇살이 가득 들어오게 해줄 뿐 아니라 공간감을 더욱 살려준다. 프렌치 도어와 천장 사이에 있는 반원형 창문을 만들어 채광을 한층 도와 주고 있다.

2
프렌치풍 주방 가벽으로 독립 공간 만들기

거실과 이어져 있지만 독립된 공간으로 보이기 위해 가벽을 만들었다. 목재소에서 직접 주문해 온 목재와 문살, 그리고 단조를 이용해 하나 밖에 없는 가벽을 직접 설치한 것. 단조는 화이트 컬러 페인트를 칠했다.

3
두 개의 수납장을 ㄱ자형으로 매치

창을 사이에 두고 키 큰 그릇장과 키 작은 수납장을 매치했더니 공간 활용도가 뛰어나 복잡해 보이지 않으면서도 수납공간을 더하는 효과를 만들었다. 키 작은 수납장 위 벽에는 액자와 앤티크한 조명을 두어 밋밋해 질 수 있는 벽에 활기를 더했다.

4
**주방과 연결되는 테라스로
펜션에 온 것처럼**

프렌치 도어를 열면 바로 활용만점 테라스가 나온다. 특별한 날에는 바비큐 파티가 열리고, 햇살 좋은 날에는 티타임을 갖기에도 그만이다. 마치 근사한 펜션에 온 듯 한 분위기로 연출하기에 좋다.

5
**가전제품 컬러도 맞추어
더욱 넓어 보이는 공간**

주방 컬러의 일관성을 깨뜨리는 것 중 하나가 가전제품이다. 기성제품인 만큼 유행하는 특유의 디자인이 있어 인테리어 콘셉트와 맞추기가 여간 까다로운 게 아니다. 하지만 이곳에서는 이마저도 완벽하게 화이트 톤으로 맞추었다. 이로 인해 공간은 더 넓어 보이고 깔끔한 느낌을 준다.

소품과 어우러진 스타일링 수납법

넘쳐나는 주방 살림, 똑똑하게 수납하면서도 데커레이션 효과까지 내는 방법은 없을까? 이 어려운 문제를 미경 씨는 멋지게 해결했다. 상부장을 없애고 만든 선반에는 자주 쓰는 그릇들을 올려 두면서 그 그릇과 잘 어울리는 빈티지한 소품을 함께 두었더니 마치 인테리어 쇼룸에 온 듯한 느낌이 난다. 일본에서 구한 빈티지 그릇장에는 빈티지 찻잔과 글라스 등을 넣어 두었는데 오래된 저울과 우드박스, 컨트리한 패브릭을 함께 매치했더니 훨씬 멋스러워졌다.

보조주방에 두는 채소 수납장도 과감히 주방 안으로 들였다. 채소뿐만 아니라 다른 주방 살림들도 수납할 수 있도록 큰 사이즈로 제작한 것도 아이디어다. 여기에 한 가지 더. 채소 수납장이 있는 위치를 한 번 눈여겨보자. 냉장고에서 재료를 꺼내면서 바로 옆에 있는 채소 수납장에서 함께 꺼낼 수 있도록 냉장고와 조리대, 채소 수납장의 동선을 고려한 것이다.

1 잘 보이지 않는 그릇장 안이라도 마구 쌓아 두는 건 넌센스다. 비슷한 패턴이나 컬러의 그릇끼리 수납한다. 자수나 레이스가 있는 패브릭과 함께 두면 포근하고 아늑한 분위기로 연출할 수 있다.
2 가스레인지 후드에 걸려 있는 빈티지 국자는 오래 전부터 주방 식구로 지내온 소품이다. 낡은 듯 은근한 분위기를 주는 이 소품은 주방을 더 감각적으로 보이게 해주어 아끼는 아이템이다.
3 테이블보는 부피가 크기 때문에 수납하기가 까다로웠는데 가방 타입의 왕골 케이스 속에 차곡차곡 넣어 두었더니 꺼내 쓰기도 편리하고 멋스러워서 만족스럽다고.

HANDMADE IDEA-1
주방 입구 원목 파티션 만들기

준비하기
MDF 6mm 1장, 나왕각재 12자 8개, 마디카(문살), 타카, 못, 사포, 목공본드, 핸디코트, 페인트

만들기
❶ 필요한 목재는 사이즈를 정확히 재어 목재소에서 미리 잘라온다. 먼저 나왕각재를 이용해 큰 틀을 만들고 나왕각재 2개를 양쪽에 약간 사이를 띄워 못으로 박아 파티션 틀(7cm)을 만든다.
❷ ① 위에 MDF를 붙여 파티션 틀을 완성하고 주방 입구 벽에 고정시킨다(못을 박을 부분은 제외). 주방 입구가 나무로 되어 있는 경우에는 나무 못을 박고 그렇지 않다면 드릴을 이용해 고정시킨다.
❸ 나머지 부분에 MDF를 붙이고, 사이즈에 맞춰 잘라 놓은 마디카(문살)을 망치를 이용해 살살 두드려 가며 끼운다.
❹ 마디카(문살)과 틀 사이에 쫄대(1cm)를 박아 마무리하고, 위쪽과 아래쪽에는 MDF 2장을 겹쳐서 박아 몰딩처럼 보이게 한다.
❺ 아래쪽에는 목공본드로 MDF 나무판을 붙이고, 못자국과 흠집은 헤라를 이용해 핸드코트로 메운다.
❻ 3~4시간 정도 말린 후 깨끗하게 사포질을 해주고 페인팅 한다. 그런 다음 단조를 달아 완성한다.

선반과 싱크대 위에 있는 그릇과 소품들은 모두 화이트나 크림 컬러로 선택했다. 컬러 톤을 맞추었더니 복잡하지 않고 멋스럽다.

오래된 의자에 페인팅만 다시 하고 커터 칼로 살짝 긁어 주었더니 근사한 빈티지 의자로 변신했다. 허전한 주방 코너에 두고 화분이나 내추럴 소품을 올려 두면 분위기가 한결 살아난다.

HANDMADE IDEA-2
주방 창에 스테인드글라스 만들기

준비하기
스테인드글라스 물감(화방 등에서 구입 가능), 인터글라스(아크릴 소재로 간판이나 천장 조명 등에 사용되는 것)

만들기
❶ A4 용지 2개를 붙여서 그 위에 원하는 밑그림을 그린다. 인터글라스를 올려 두었을 때 그림이 잘 비치도록 진하게 그린다.
❷ 그 위에 창 크기에 맞춰 잘라낸 인터글라스를 놓고 블랙 스테인 글라스 물감으로 라인을 굵게 그린다. 이때 붓을 이용하지 않고 물감을 짜듯이 그리는 게 포인트.
❸ 라인이 마를 때까지 1시간 정도 기다린 다음, 라인 안쪽에 컬러 스테인드글라스 물감을 짠 후 면봉으로 메운다.
❹ 완성 후 하루정도 완전히 말린 다음, 창틀에 끼운다.

직접 만들거나 발품 팔아 고른 주방 소품

빈티지 앤티크 소품을 좋아하는 미경 씨가 고른 주방 소품들은 오래된 것들이거나 재활용한 아이템이 많다. 반짝반짝 바로 만들어진 듯한 새 것들은 그녀의 스타일과는 맞지 않는다. 그래서 주로 앤티크 숍이나 온라인 숍에서 빈티지 아이템을 고르거나, 이미 있던 것들을 자신의 스타일에 맞게 리폼해서 사용한다. 버려져 있던 의자를 들여와 빈티지하게 페인팅을 다시 하거나, 패브릭을 덧씌워 마치 오랫동안 그녀의 집에 머물렀던 소품처럼 만들어 낸다. 솜씨 좋은 그녀의 손을 거치면 마치 비싼 돈을 들여 산 듯한 멋스러운 빈티지 소품이 된다.

1 주방 전체를 밝혀 주는 샹들리에는 크고 화려한 디자인으로 골라 주방에 포인트가 되도록 했다. 샹들리에 외에도 주방 곳곳에 작은 조명을 두어 작은 조명만 켜도 분위기 있어 보인다.
2 식탁 위에는 내추럴한 소품으로 편안함을 더했다. 자연스러우면서도 아늑한 분위기로 만들어 주는 촛대가 멋스럽다.
3 이국적인 창가를 더욱 감각적으로 보이게 하는 것은 바로 창가에 있는 미니 소품들 때문. 작은 유리병에는 수경재배가 가능한 식물을 두면 창가가 생동감 있어 보이고, 주방이 훨씬 화사해진다. 은은한 향을 내는 향초나 향 스틱을 두어도 좋다.
4 패브릭은 편안해 보이면서도 따뜻한 분위기를 만들어 주는 요소다. 그녀가 직접 만든 패브릭들은 주방에서 그 힘을 발휘하는데, 주방에 들어오는 사람들에게 포근한 감성을 느끼게 해준다.

SHOPPING LIST

식탁 & 식탁 의자 // 프랑스 앤티크 제품으로 아는 지인을 통해 구입.
샹들리에 // 데이지하우스 www.e-daisyhouse.co.kr에서 판매했던 제품.
그릇장 안 블루 찻잔 세트 // 코니쉬 웨어 제품으로 찻잔은 개당 10만 원대에 구입.
빈티지 저울 // 이태원 앤티크 숍에서 구입.
그릇장 옆 빈티지 벽시계 // 강남 고속버스터미널 지하상가에서 10만 원대에 구입.
앤티크 수전 // 을지로 상가에서 20만 원대에 구입.

구조변경 | 부분 시공 | DIY

경기 용인시 수지구 성복동 아파트
168m²

대학강사 | 정태숙

KITCHEN DATA

평형 168m² (51평)
스타일 빈티지 앤티크
톤 화이트 + 브라운
주방 가구 싱크대 + 식탁 + 수납장

격조 있는 다이닝 공간이 매력적인 앤티크 키친

주방에 대한 주부들의 로망이 그대로 담겨 있다 해도 과언이 아닌 이 공간은 대학강사 정태숙 씨의 주방이다. 아치형 창이 있는 다이닝 공간과 격조 있는 프렌치 앤티크 식탁, 아름다운 라인을 자랑하는 앤티크 가구들이 마치 유럽 고성의 주방에 와 있는 듯하다. 한눈에도 유난히 공을 들였음을 알 수 있다.

늦은 결혼 후 요리에 대한 관심이 늘어났다는 정태숙 씨는 자연스레 주방에서 보내는 시간이 많아지게 되면서 주방을 보다 특별한 공간으로 만들고 싶었단다. 그녀의 꿈이 펼쳐진 주방은 조리 공간과 다이닝 공간, 수납공간을 분리했는데 특히 단을 높힌 다이닝 공간은 마치 근사한 레스토랑을 연상시킨다. 그녀가 사랑하는 앤티크 가구들은 화이트 벽 덕분에 더욱 멋스럽게 빛을 발하고 있는데 이것 역시 그녀의 주문에 의해 이루어졌다. 다크한 컬러 톤의 앤티크 가구를 돋보이게 하고, 무엇보다 깔끔한 주방 스타일이 가능할 것 같아 선택했다. 싱크대를 심플한 화이트 컬러로 고른 것도 같은 이유. 여기에 경쾌한 컬러 톤의 주방 용품과 화사한 꽃으로 장식해 영화 속의 멋진 주방으로 완벽하게 변신시켰다.

블로그 blog.naver.com/turandot84 시공 가을내음 http://가을내음.kr

그녀의 주방 베스트

공간별 앤티크 스타일링

1
세월이 고스란히 느껴지는
프렌치 앤티크 식탁의 아름다움

케인(나무로 엮어 놓은 듯한 등받이)이 잘 보존되어 있는 멋스러운 프렌치 앤티크 식탁. 식탁 하나만으로도 다이닝 공간에 무게감이 실린다. 식탁과 잘 어울리는 짙은 브라운의 바닥 역시 고급스러움을 더해 준다.

2
화이트 싱크대, 앤티크 가구를
더 돋보이게 하다

심플한 화이트 싱크대는 ㄷ자 구조로 넉넉한 조리 공간을 자랑해 실용적이다. 뿐만 아니라 화이트 컬러라 앤티크 가구를 살려 주는 데 큰 역할을 한다. 싱크대 위 타일도 벽면 전체에 시공하지 않고 반 정도만 붙여 복잡해 보이지 않게 했다.

3
심플한 싱크대와 언밸런스하게 매치한
빈티지 세면대

싱크대 옆에 설치된 빈티지 세면대는 식사 전에 욕실에 가지 않고도 간편하게 손을 씻을 수 있도록 만든 것. 원래 수도가 연결되어 있지 않아 수도선을 끌어와서 시공했다. 심플한 싱크대와 언밸런스하게 어울리는 게 오히려 매력적이다.

4
숨어 있는 공간을 앤티크 가구로 살리다
다이닝 공간 옆에 아치형으로 된 작은 공간이 있는데 이곳에 앤티크 콘솔과 찻잔, 소품 등을 올려 두었다. 그냥 지나치는 공간이지만 멋진 가구와 소품으로 시선을 머물게 한다. 장소로 변신시켰다. 찻잔과 에스프레소 잔들은 집주인이 직접 디자인한 패턴을 핸드페이팅한 것.

5
비어 있는 벽에도 앤티크 가구로 포인트
조리 공간과 다이닝 공간 사이에 있는 심플한 화이트 벽도 그냥 지나치지 않았다. 작은 사각 콘솔과 앤티크 도자기 벽 장식으로 멋스럽게 연출했다. 카키 컬러의 도자기 벽 장식이 화이트 벽에 생동감을 불어넣는다.

6
보조주방에도 빈티지 수납장으로 근사하게
보조주방도 스타일링을 게을리 하지 않았다. 아치형 창문 아래에는 색감이 독특한 수납장을 두었고, 그 위에 아기자기한 바구니를 올려놓아 이국적인 공간으로 만들었다.

꽃과 앤티크 그릇, 그리고 사랑스러운 패브릭으로 꾸미다

앤티크 그릇은 주방 곳곳에서 만날 수 있지만 같은 디자인은 하나도 없을 정도로 다양하다. 이쯤 되면 그릇 컬렉터라 얘기해도 어색하지 않을 것 같다. 이 그릇들이 지닌 세월만 해도 보통 80년 이상 되었다 하니, 소장가치 또한 높다. 그녀가 좋아하는 앤티크 그릇과 티세트, 그리고 소품류는 독일 그릇 전문 판매 사이트나 앤티크 숍, 온라인 벼룩시장에서 주로 구입한다.

1 분위기 있게 느긋한 식사 시간을 좋아하기 때문에 테이블 세팅에도 신경을 쓰는 편이다. 요리 콘셉트에 맞게 식기를 꺼내고 테이블 매트를 깔면서 행복을 느낀다고. 식탁 위에도 역시 꽃이 빠질 수 없다.

2 꽃을 사랑하는 집주인은 앤티크 식기류와 함께 꽃을 둔다. 여고시절 학교 앞 리어카 꽃가게에서 장미꽃을 사던 추억을 되살리며 주방 여기저기에 꽃으로 장식한다고. 결혼하고 나서 배운 플라워 스타일링 솜씨도 수준급.

3 후드 아래에 빈 공간에도 미니 수납장을 만들었다. 여기에 자주 쓰는 각종 양념통과 약병을 넣어 두었더니 보이지 않게 수납할 수 있어 깔끔할 뿐만 아니라 꺼내 쓰기에도 편리하다. 앤티크한 미니 손잡이가 눈에 띈다.

4 심플한 싱크대에는 예쁜 자수가 놓여 있거나 컬러감이 산뜻한 패브릭을 살짝 걸어 둔다. 컬러가 들어감으로써 경쾌함을 더해 줄 수 있다. 컬러풀한 주방 용품과도 잘 어울린다.

5 보조주방 냉장고 옆에는 리모델링할 당시 각종 식기류를 충분히 수납할 수 있는 수납장을 붙박이 형식으로 짜 넣었다. 위쪽은 오픈형으로 만들어 컵와 와인잔, 그리고 와인을 수납할 수 있도록 했고, 아래쪽에는 문을 달아 각종 그릇을 깔끔하게 보관할 수 있도록 했다.

SHOPPING LIST

보조주방 블루그린 수납장 // 영국 앤티크 제품을 판매하는 숍에서 90만 원대에 구입.

수납 바구니 // 강남 고속버스터미널 상가에서 개당 3만~4만 원대에 구입.

프렌치 앤티크 식탁 // 앤티크 가구점에서 400만 원대에 구입.

서울 송파구 문정동
복층아파트

214m²

주부 | 김경옥

KITCHEN DATA

평형	214m² (65평)
스타일	빈티지 앤티크
톤	화이트 + 블루
주방 가구	싱크대 + 식탁 + 그릇장 + 선반 + 보조주방 싱크대

로맨틱과 앤티크가 만난 크로스오버 인테리어

도심의 아파트 맨 꼭대기 층은 아파트이지만 주택 느낌의 복층 구조가 가능해 주부들에게 인기가 높다. 주부 김경옥 씨도 도심에서 전원주택의 분위기를 갖고 싶어 꼭대기 층을 분양받았다. 높은 천장과 큰 창은 햇살을 환하게 집 안으로 끌어들이고, 1층과 2층으로 나뉘어져 있어 가족 각자의 독립공간을 보장받을 수 있는 것도 복층의 큰 장점이다. 주방을 보다 넓게 사용할 수 있는 것도 복층 구조의 빼놓을 수 없는 이점. 그녀의 역시 조리 공간과 다이닝 공간으로 분리해 주방을 꾸몄다.

"거실에서 정면으로 보이는 쪽은 식탁을 둔 다이닝 공간으로, 안쪽으로는 싱크대가 있는 조리 공간으로 구분했어요. 보조주방과 주방 사이에 큰 아치형 문을 달아 보조주방을 테라스로 활용했고요." 다이닝 공간이 막혀 있는 그런 구조가 아니라 보조주방을 테라스로 변신시켜 훨씬 근사한 공간으로 변신시킨 게 이채롭다.

멋진 구조와 함께 주방을 더욱 빛내 주는 것이 바로 앤티크 가구들이다. 세월의 흔적이 고스란히 묻어나는 앤티크 스타일이지만 전혀 무겁거나 어두워 보이지 않는다. 모두 로맨틱한 패브릭과 사랑스러운 디자인의 앤티크 소품들로 꾸며졌기 때문이다. 게다가 주방을 산뜻하게 만들어 주는 블루 컬러의 벽과 화이트 싱크대가 있어 앤티크 가구들이 더욱 매력적으로 다가온다.

1층 메인 주방에 이어 2층에는 아이들을 위한 미니 보조주방을 만들었다. 작은 냉장고와 미니 싱크대, 접시, 찻잔 등이 있어 아래층으로 내려오지 않고 편리하게 이용할 수 있다.

블로그 blog.naver.com/coco3434 시공 가을내음 http://가을내음.kr

그녀의 주방 베스트

이색적인 공간 개조

1
**주방 바닥을 한 단 높여
독립적인 느낌 주기**

주방 바닥을 타일로 마감한 것도 독특하지만 거실보다 한 단 높여 색다르다. 이는 거실과 분리되는 공간으로 연출하기 위한 장치다. 대신 주방 컬러 톤을 거실과 이어지도록 해서 전체적인 균형은 맞추었다.

2
아이들을 위한 보조주방 마련

주로 2층에서 생활하는 아이들을 위해 작은 주방을 별도로 만들었다. 스타일은 전체 스타일에 맞게끔 앤티크에 두되, 아이들 감성에 맞게 소품과 그릇류를 캐주얼한 아이템으로 연출했다.

3
**상부장을 없애고
실용적인 아일랜드 놓기**

답답한 느낌을 덜기 위해 싱크대 상부장은 없애고 대신 선반을 들였다. 자주 사용하는 식기류를 수납해 실용성을 높였다. 아일랜드에 인덕션레인지를 설치해 조리공간으로써의 기능을 갖추게 했고, 수도를 연결해 간단하게 요리 재료를 씻을 수 있는 수전을 놓았다.

4
주방 옆 벽을 이용한 간이 세면대
주방과 연결되는 벽에는 앤티크 스타일의 간이 세면대를 두었다. 원래 수도가 없던 자리라 수도관을 연결해 오는 수고도 마다하지 않았다. 이는 식사를 위해 손을 씻으러 욕실까지 가는 번거로움을 덜기 위함이다.

5
**동화 속 풍경같은
소품 창고가 있는 보조주방**
보조주방에도 주방과 같은 컬러 톤의 블루 타일이 있는 싱크대를 설치했다. 싱크대 아래에는 주방 용품을 수납할 수 있는 공간을 마련해 두고, 싱크대 위에는 수납용 예쁜 바구니와 소장하고 있던 다양한 앤티크 소품들로 꾸몄다.

주방 너머로 보이는 사랑스러운 프렌치 앤티크 스타일의 거실. 로맨틱한 느낌이 거실을 보다 화사해 보이게 만든다.

싱크대 위에는 팬이나 냄비를 걸어 두고 각종 양념도 자연스럽게 드러내 놓는다. 대신 컬러 톤을 맞춰 아이템을 선별한다.

10년 넘게 모아 온 앤티크 소품을 활용하다

앤티크 스타일을 좋아해 다양한 가구와 소품들을 모아 온 지 10년이 훨씬 넘었다. 이렇게 모아 온 소품은 주방을 꾸미는 데에도 적극 활용된다. 주방에 작은 콘솔을 놓고 램프와 각종 앤티크 소품을 데커레이션 한 것도 이런 이유 때문. 주방에는 주방에 관련된 아이템만 놓는다는 원칙도 없다. 작은 거울, 빈티지 빗, 액자 등 꾸미고 싶은 소품들을 매번 바꿔 가면서 꾸민다.

1 싱크대 위에는 스포트라이트 레일조명이, 아일랜드 위에는 로맨틱한 팬던트 조명이, 그리고 식탁 위에는 샹들리에가, 작은 콘솔 위에는 로맨틱 램프가 있다. 조명을 공간별로 차별화해 각각의 공간에 다른 분위기를 주도록 했다.
2 에이프런도 요리할 때만 이용하지 않고 멋진 소품으로 활용했다. 린넨 에이프런을 빈티지 옷걸이에 걸어 아치형 문에 살짝 걸어 두면 로맨틱하다.
3 2층에 마련한 보조주방은 주로 사용하는 아이들을 위해 식기부터 인테리어까지 밝고 경쾌하게 꾸몄다. 앤티크풍의 전체 스타일을 두고 컬러와 패턴만으로 포인트를 주었다.

SHOPPING LIST

마호가니 그릇장 // 프렌치 앤티크 제품으로 이태원에 있는 에띠엔느 앤티크 숍에서 구입.
싱크대 벽 블루 장식용 접시 // 덴마크 코펜하겐 접시로 캘리네 다락방 www.kellysattic.co.kr에서 구입.
식탁 // 영국 앤티크 제품으로 이태원 숍 코로넷 앤티크에서 구입.
싱크대 위 블루 냄비 // 마사 스튜어트 제품으로 앤데코 www.anndeco.com에서 구입.
각종 바구니 // 강남 고속버스터미널 2층 유진바구니, 프린세스홈 www.princesshome.co.kr, 아이디어데코 www.ideadeco.com 등에서 구입.

ROMANTIC ANTIQUE KITCHEN
전문가 어드바이스

로맨틱 앤티크 주방
시공 & 스타일링 TIP

● **도움말** 배경순(http://가을내음.kr)

시공 바닥재와 벽

바닥은 타일 혹은 목재로
로맨틱하거나 앤티크한 느낌을 살리려면 바닥재는 타일이나 목재가 좋겠다. 다양한 타일은 스타일을 훨씬 돋보이게 해주며, 여름에는 시원하고 겨울에는 따뜻한 장점도 있다. 목재로 할 경우 흠집이 잘 나지 않는 강화마루가 적합하고, 대리석 바닥은 우아한 느낌을 더해 줄 수 있어 좋지만 미끄러운 단점이 있다.

중 · 대형일 경우 무게감 있는 컬러의 타일로
비교적 넓은 평수라면 밝은 컬러보다는 다소 무게감 있는 컬러의 타일을 골라 보자. 바닥도 같은 톤으로 고른다면 한결 안정감 있어 보인다. 평수가 넓어질수록 산만하고 복잡해 보일 수 있기 때문에 안정감 있는 느낌을 주는 게 중요하다. 또는 식탁이나 그릇장 등 가구 중 1~2개 정도를 짙은 컬러로 선택하는 것도 좋다.

시공 구조 및 싱크대

북쪽으로 난 보조주방은 확장 대신 스타일링으로
보조주방의 위치가 북쪽이라면 확장하기보다는 주방 가구나 소품으로 자신의 주방 스타일에 맞추는 것이 좋다. 추운 겨울에는 결로가 생기는 등의 문제점이 있기 때문. 단열을 생각한다면 보조주방 쪽은 가급적 확장을 하지 않는 편이 낫다.

앤티크 가구를 돋보이게 하려면 기본 시공은 심플하게
수납장이나 식탁 등 가구에 포인트를 주고 싶다면 주변 요소는 심플하게 선택하는 것이 좋다. 싱크대는 심플한 화이트나 크림 컬러 계통으로, 손잡이도 화려하지 않는 디자인으로 고른다. 패브릭도 과한 컬러가 들어간 디자인보다는 은은한 파스텔 계열에 레이스나 포인트 자수가 들어간 디자인이 어울린다.

스타일링 주방 가구와 소품

작은 평수의 주방은 선반 위 소품에 포인트
주방이 좁을 경우 화려한 그릇장이나 수납장은 오히려 부담스러워 보이기 쉽다. 상부장을 없애고 빈티지한 선반을 달아 보자. 선반 위에 작은 소품을 하나만 올려놓아도 주방이 달라 보인다. 상부장을 없앤 만큼 더 넓어 보여 작은 평수에 잘 어울린다.

스타일의 완성은 조명
주방 조명은 스타일을 좌우하는데 큰 영향을 끼치므로 꼼꼼하게 골라야 한다. 일반적인 조명보다는 샹들리에나 빈티지 스타일의 조명이 어울리므로 자신의 주방에 어울리는 디자인으로 고르도록 하자. 작은 주방의 경우 너무 과하고 화려한 샹들리에는 금물이다. 작은 사이즈의 아기자기한 샹들리에나 빈티지 팬던트 조명을 고르는 게 좋다.

스타일링 컬러와 톤

전체적인 컬러 톤은 베이지나 연핑크, 화이트로
앤티크 스타일의 경우 가구 컬러가 짙고 무게감 있어 보일 수 있다. 따라서 주방 벽이나 타일, 싱크대는 밝은 톤으로 고르는 것이 좋다. 작은 평수일 경우 특히 이 점에 유의해야 하는데, 가급적 주방 벽은 포인트 벽지 등을 시공하는 것보다 깔끔하게 한 가지 컬러로 벽지를 바르거나 페인팅한다.

조리 도구 및 주방 용품 컬러와 타일 컬러 맞추기
로맨틱 앤티크 스타일은 어떤 타일을 시공하느냐에 따라 분위기가 많이 달라진다. 무겁지 않고 화사한 앤티크 스타일을 원한다면 주방 타일도 밝은 톤으로 시공해야 한다. 이사 후 가지고 있는 주방 용품과 컬러가 맞지 않아 곤란해지는 경우도 있으니 조리 도구나 냄비 등의 컬러와 타일 컬러의 조화를 고려하는 것도 좋은 방법이다.

주방 시공업체 선정 시 알아 둘 것

❶ 리모델링 전, 주방의 불편사항부터 체크
전체적으로 주방을 개조하기로 했다면 원래 구조에서 가장 불편한 점이 무엇인지 체크해야 한다. 일일이 리스트를 적어서 시공업체와 꼼꼼히 의의를 해야 만족할 만한 결과를 얻게 된다. 공사 후, 주방 살림을 들였을 때 의외로 공간이 작고 불편해서 스타일을 제대로 연출하지 못하고 망치는 경우가 종종 있을 수 있다.

❷ 원하는 주방 스타일에 꼭 맞는 시공업체 선정
시공업체 선정이 무엇보다 중요하다. 디자인적인 면이 많이 들어가야 하는 경우에는 스타일이 다른 시공업체에 무턱대고 맡겼다가 원하는 대로 나오지 않고 비용만 높아질 수 있다. 자신이 고른 시공업체가 평소에 어떤 스타일을 주로 시공하는지 알아보고, 이전에 시공한 집의 사진을 볼 수 있다면 미리 보는 것이 좋다.

❸ 시공업체에 부분으로 맡길 지, 소품까지 맡길 지 결정
로맨틱 앤티크 스타일의 경우 리모델링 시 시공업체에 소품까지 의뢰하는 경우가 종종 있다. 조명이나 수납장, 식탁까지도 시공업체에 맡길 경우 전체 스타일링에 맞출 수 있다는 장점이 있지만 비용이 많이 들 수도 있다. 그렇지 않다면 싱크대와 타일 교체, 벽면 페인팅 등 기본적인 사항만 의뢰하고 조명 등의 기타 소품은 직접 구입해 설치만 부탁할 수도 있다.

SHOP LIST

**로맨틱하고
고급스러운
앤티크 스타일**

에띠엔느 앤티크
작은 소품부터 가구, 샹들리에까지 멋진 앤티크 아이템이 모여 있는 이태원 숍이다. 화려하고 감각적인 앤티크 가구들은 보고만 있어도 마음을 설레게 한다. 1층 매장과 지하 매장에 다양한 아이템이 가득해 선택의 폭도 넓다. 오프라인 매장만 운영하며, 영업시간은 오후 1시~6시. 문의 02-793-3663

**아기자기한
앤티크 소품이
한자리에**

캘리네 다락방 www.kellysattic.co.kr
미국 배송 인테리어 소품 숍으로 다양한 앤티크 제품을 만날 수 있다. 한국에서 구하기 힘든 앤티크 소품이 가득해 색다른 아이템을 찾는 이들에게 추천할 만하다. 화려한 가구보다 아기자기한 주방 소품으로 인테리어를 하고자 한다면 찾아볼 것. 과거로 돌아간 듯한 소품과 패브릭, 퀼트 제품도 만날 수 있다.

**앤티크
리빙 용품과
패션 소품까지**

앤데코 www.anndeco.com
미국이나 유럽 등지에서 수입한 정품 앤티크 빈티지 제품을 판매하는 온라인 숍. 여성스럽고 로맨틱한 앤티크 스타일을 많이 찾아볼 수 있다. 앤티크 가구 외에도 크로쉐나 린넨 쿠션, 레이스 테이블 크로스 등 패브릭 제품도 눈여겨볼 만하다. 리빙 아이템 외에도 해외에서 직접 구매해 오는 브랜드 가방 등도 판매하고 있다.

**화려하고
사랑스러운
프렌치풍 앤티크**

프린세스홈 www.princesshome.co.kr
로맨틱한 앤티크 스타일을 원한다면 프린세스홈이 제격이다. 화려하면서도 여성스러운 느낌이 강한 프렌치풍 앤티크 가구와 소품, 패브릭을 판매한다. 특히 화려한 레이스를 자랑하는 패브릭은 다른 곳에서는 쉽게 만날 수 없는 스타일이 많다. 이외에도 앤티크 스타일을 위한 인테리어 책도 함께 판매하고 있다.

**주방에 어울리는
레이스 패브릭과
샹들리에**

앤수이 www.annsui.co.kr
앤티크 주방을 더욱 사랑스럽게 만들어 줄 레이스 패브릭과 샹들리에, 벽 조명 등의 아이템을 만날 수 있는 곳. 다양한 레이스와 자수 장식이 있는 패브릭은 테이블보나 데커레이션 아이템으로 활용할 만하다. 독특한 샹들리에나 벽 조명으로 인테리어 포인트를 주고 싶다면 추천할 만하다.

**소소한
앤티크 소품들을
만날 수 있는 곳**

아이디어데코 www.ideadeco.com
화려하고 부담스러운 앤티크 소품이 아닌 정감 있고 아늑한 느낌을 더 많이 주는 빈티지 & 앤티크 아이템을 판매하는 곳. 동심으로 돌아가게 만들어 주는 인형이나 유럽의 시골주택에서 만날 법한 패브릭 소품은 또 다른 볼거리다. 흔히 만날 수 없는 빈티지 찻잔은 소장가치만으로도 훌륭한 아이템. 빈티지 가전제품도 판매 중이다.

**리얼 앤티크는
물론 직접
제작 제품까지**

데이지하우스 www.e-daisyhouse.co.kr
해외에서 들여오는 리얼 앤티크 제품과 '데이지하우스'에서 직접 제작하는 가구나 소품을 함께 판매한다. 화이트 톤의 깔끔하면서도 고급스러운 앤티크 스타일이 주를 이루며, 이에 어울리는 화이트 톤의 크로세나 레이스 등 사랑스러운 패브릭 제품이 눈여겨볼 만하다. 멋진 쇼룸을 자랑하는 오프라인 매장을 최근 이전해 선보이고 있으니 직접 방문해 보는 것도 좋을 듯.

**영국풍
빈티지를
만나고 싶다면**

빈티지다락방 www.vintagedaracbang.com
영국에서 직수입해 들여오는 각종 빈티지 제품을 선보이는 곳. 영국 앤티크 가구와 쉐비 가구, 빈티지 패브릭, 인테리어 소품이 한자리에 있다. 고급스럽고 화려한 앤티크 스타일 가구와 함께 컬러감이 돋보이는 다소 캐주얼한 빈티지 가구도 찾아 볼 수 있다. 오리지널 코니쉬 웨어 찻잔 등 쉽게 구할 수 없는 주방 용품과 식기류도 있으니 유심히 살펴볼 것.

**리얼 빈티지
주방 용품을
다양하게**

아이치즈 www.i-cheese.net
빌레로이 앤 보흐, 코니쉬 웨어 등 유럽 빈티지 찻잔과 앤티크 주방 용품이 다양하게 판매되고 있다. 해외에서 직접 배송해 주는 제품이 많아 오리지널 빈티지 제품임을 확인할 수 있다. 주방 용품만 전문적으로 취급하는 온라인 숍이라 주방을 아기자기하게 꾸미는 데 필요한 소품을 한자리에서 구입할 수 있는 장점이 있다.

**쉐비풍의
로맨틱
앤티크 스타일**

핑크핑크 www.pinkpink.co.kr
사랑스러운 로맨틱 앤티크 아이템을 만날 수 있는 곳. 쉐비 시크 스타일의 가구와 패브릭, 로맨틱한 파스텔 계열의 앤티크 소품이 보고만 있어도 사랑스럽다. '핑크핑크'만의 로맨틱한 스타일로 인테리어를 하고 싶다면 직접 시공 문의를 해도 된다.

PART 4

MODERN
KITCHEN

블랙 or 화이트? 모던의 컬러 공식이 깨지고 있다.
강렬한 레드와 은은한 그레이, 화려한 골드까지 모두 모던이라는 옷과 잘 어울린다.
마치 맞춤옷을 입듯 자신들의 라이프스타일에
꼭 맞춘 그녀들의 기능성 모던 키친을 소개한다.

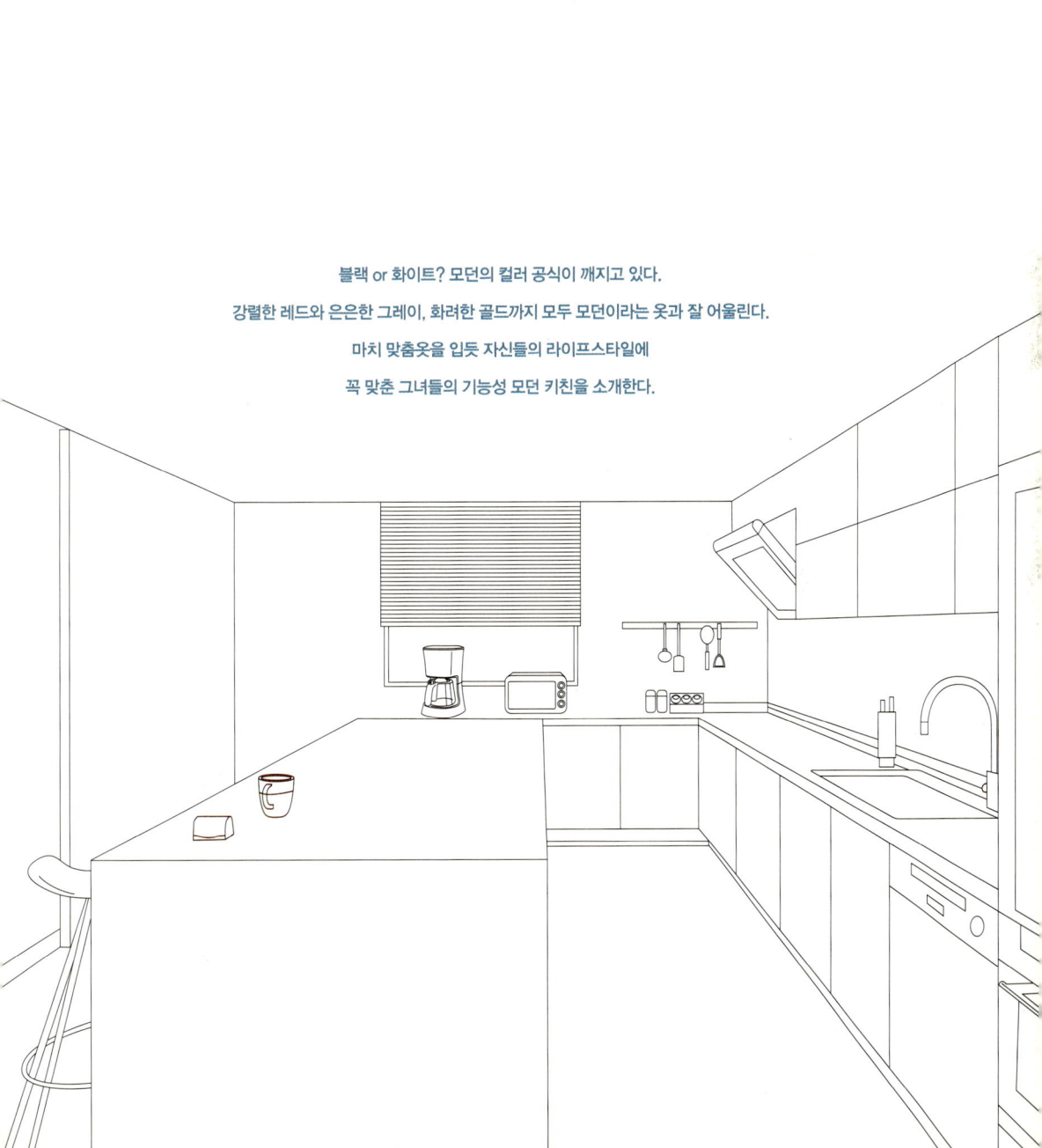

서울 종로구 삼청동
한옥
49m²

건축설계사 | 남혜영

KITCHEN DATA

평형	49m² (15평)
스타일	빈티지 모던
톤	화이트 + 우드
주방 가구	싱크대 + 아일랜드

구조변경 부분 시공 DIY

전통과 현대가 만나
개성 있는 공간으로 변신하다

삼청동의 북적이는 큰길가를 지나 한 블록만 들어가면 작은 규모의 한옥들을 만날 수 있다. 남혜영 씨의 특별한 신혼집도 그곳에 있다. 오래되다 못해 언제 지었는지 알 수 없었던 한옥은 예비 신혼부부를 만나 카페 같은 분위기의 모던한 공간으로 변신했다. 한옥의 멋은 그대로 살리면서 생활에 편리하도록 구조를 변경한 것. 방 2개와 주방, 거실, 창고가 있었던 기존의 구조를 완전히 바꿔서 방 하나와 거실 겸 주방, 그리고 욕실이 있는 원룸형 구조로 만들었다. 예전에 창고로 쓰던 공간과 작은 마루였던 부분을 텄더니 의외의 여유 공간이 생겨 좀 더 넓어졌다. 주방도 이전에는 상상도 할 수 없을 만큼 넓어져 카페이기도 하면서 조리 공간이기도 하고, 세탁실도 함께 있는 멀티 플레이 공간이 되었다.
한옥을 개조할 때는 반드시 보와 기둥을 살려 인테리어 해야 하기 때문에 그에 맞추어 집 전체 인테리어 콘셉트를 잡아야 한다. 그녀 또한 기본적으로 있던 보와 기둥에 맞춰 원목을 되도록 많이 사용하는 인테리어에 집중했다. 가구는 물론, 거실 테이블까지 모두 원목으로 마무리해 집 전체에서 나무가 느껴질 수 있도록 한 것. 그중에서도 원목 상판으로 설치한 싱크대와 아일랜드는 눈여겨볼 만하다. 모던하지만 내추럴한 원목의 느낌을 더해 딱딱하지 않고 아늑한 주방으로 만들었다. 단순히 요리만 하는 공간에서 벗어나 저녁에는 멋진 바로 주방을 활용하고 싶었던 집주인의 바람대로 6명까지 앉을 수 있는 널찍한 아일랜드도 제작했다. 신혼부부에게 이 아일랜드는 멋진 레스토랑 못지않은 분위기를 주는 공간이 되어준다. 블로그 blog.naver.com/queenly01

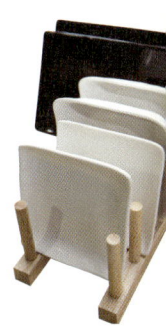

그녀의 주방 베스트

한옥 속 모던 인테리어

1

1
현대적으로 변신한 한옥 보와 기둥

원래 있던 한옥의 보와 기둥은 그대로 남겨 두었지만 소나무 합판을 한 번 덧입혀 주고 칠도 했다. 짙은 브라운 컬러 스테인을 여러 번 덧칠했는데, 컬러는 블랙과 레드 컬러를 섞어서 조색한 것. 그런 다음 바니쉬로 마무리했다.

2
주방에 설치한 빌트인 세탁기

창고를 터서 주방을 넓혔기 때문에 따로 세탁실을 둘 공간이 여의치 않아 싱크대에 빌트인 세탁기를 설치했다. 실용성에 맞게 한옥에 현대적인 아이디어를 더한 것. 빌트인 세탁기가 따로 판매되기 때문에 설치하기도 비교적 어렵지 않다.

3
블록 벽으로 빈티지 느낌 더하기

콘크리트로 만든 블록을 그대로 시공한 듯한 벽은 사실 블록 타일이다. 블록 자체는 두꺼워서 공간을 많이 차지하기 때문에 블록 타일로 시공하는 게 공간을 넓어 보이게 하는 포인트다. 짙은 그레이 컬러 줄눈용 시멘트를 발라 빈티지 분위기를 냈다.

4
아일랜드와 매치한 모던 바 스툴

긴 아일랜드에는 화이트와 블랙 컬러의 바 스툴을 두었다. 긴 아일랜드는 식탁, 조리 공간 등 다양하게 활용할 수 있어 실용적이다. 간결한 디자인이 더욱 모던한 느낌을 주는 바 스툴은 모두 이케아 제품이다.

5
재료 특유의 성질을 살린 자연스러운 모던 스타일

리모델링할 때 중점을 둔 것 중 하나가 재료 특유의 성질을 그대로 드러내는 일이었다. 콘크리트 느낌을 주고 나무를 많이 사용한 것도 이런 이유 때문이다. 가전제품도 인위적인 프린트가 들어가 있지 않은 것으로 골랐는데, 냉장고도 스틸을 강조한 심플한 디자인을 선택했다.

효과적인 수납을 위해 싱크대 상부장을 그대로 설치하는 대신 천장이 드러나도록 해 답답해 보이지 않게 했다. 싱크대는 주방에 맞춰 원하는 디자인을 도면으로 그려서 직접 주문했다.

숨은 공간을 적극 활용한 수납법

부족한 수납공간을 위해 작은 공간도 효율적으로 활용한 수납 아이디어가 곳곳에 숨어 있다. 주방 싱크대를 적극적으로 이용했고 큰 사이즈의 아일랜드에는 오픈 수납장을 겸할 수 있게 했다. 작은 주방에서는 수납공간을 둘 때에도 넓어 보일 수 있는 아이디어가 동시에 해결 될 수 있는 수납법을 택하는 것이 좋다. 혜영 씨는 수납을 위해 상부장을 그대로 두는 대신, 키 작은 사이즈를 선택해 공간이 넓어 보이도록 고려했다.

상부장 아래에 와인걸이를 설치하면 자주 쓰는 와인 잔을 걸어 둘 수 있어 사용하기 편리하다.

1 주방과 연결되어 있는 거실에는 부부가 함께 사용하는 테이블과 의자가 있다. 주방 가구와 연결성을 고려해 거실 의자도 원목 소재로 선택했다.
2 아일랜드 아래에는 문을 달지 않고 선반 식으로 두어 오픈 수납장으로 이용했다. 자주 쓰는 주방 용품을 수납해 두면 꺼내 쓰기 간편하면서도 밖으로 잘 드러나지 않아 깔끔해 보인다. 문을 달지 않은 것은 공간이 협소하기 때문에 사용하기 편리하도록 하기 위한 것.
3 주방 벽이나 싱크대에도 소품 스타일링은 가급적 제한했다. 겉으로 드러나는 소품은 유리 소재나 단일 컬러의 아이템만 간단하게 두어 심플해 보이도록 했다.

SHOPPING LIST

싱크대 밑 와인걸이 // 문고리닷컴 www.moongori.com에서 6천 원대에 구입.
아일랜드 바 스툴 // 이케아(IKEA)에서 8만 원대에 구입.
우드 접시꽂이 // 한샘인테리어에서 9천 원대에 구입.
우드 티스푼 // 백화점 세일 코너에서 구입.

서울 송파구 방이동 빌라

62m²

구조변경 | 부분 시공 | DIY

주부 | 박은교

KITCHEN DATA

평형	62m² (19평)
스타일	내추럴 모던
톤	화이트 + 초콜릿 브라운
주방 가구	싱크대 + 원목 바 테이블

독특한 아이디어로
새롭게 태어난 모던 스페이스

신혼살림을 시작한 지 얼마 안 된 박은교 씨의 집은 여느 10평대 빌라 구조와는 매우 다르다. 철저히 부부의 라이프스타일에 맞추어 개조한 공간이다. 집 전체 구조를 완벽하게 바꾸기로 결심, 부부가 머리를 맞대고 도면을 그리기 시작했다. 제대로 된 주방을 갖고 싶었던 만큼 작은 방을 과감히 주방으로 바꾸기로 했다. 작은 방 문을 떼어내 오픈형 주방으로 한 뒤, ㄱ자형 싱크대를 두고 한쪽 벽에 원목 테이블 바를 설치했다. 기존에 싱크대가 있던 자리에는 붙박이 수납장을 설치하고 냉장고와 김치냉장고를 옮겨왔다. 식탁이 있던 자리 역시 붙박이 옷장을 설치해 작은 평수의 집에서 턱없이 부족한 수납공간을 넉넉하게 확보했다.

이렇게 해서 넉넉한 조리 공간과 분위기 있는 원목 테이블 바, 그리고 공원이 보이는 넓은 창이 있는 멋진 주방이 만들어졌다. 집 전체는 전면적으로 개조했지만 가구는 기존에 있던 것을 활용할 정도로 알뜰하다. 식탁 대신 쓰는 테이블은 그녀가 결혼하기 전부터 쓰던 것으로 가구공방에서 직접 주문 제작했다. 심플하면서도 실용적인 주방은 그녀의 평소 취향을 그대로 반영해 소박하면서도 세련된 멋을 풍기는 공간으로 탈바꿈했다.

시공 any Others Design blog.naver.com/any_others

그녀의 주방 베스트

과감한 공간 나누기 인테리어

1
톤 다운된 레드 컬러 가벽으로 주방 공간 분리

원래 부부가 생각했던 주방은 거실과 연결되는 확 트인 공간이었지만, 주방과 거실 사이에 있는 벽이 철거를 할 수 없는 형태라 아예 주방을 독립된 공간으로 만들기로 했다. 작은 방 문을 떼어낸 자리에 원목으로 가벽 느낌을 주고 톤다운된 레드 컬러로 포인트를 주었다.

2
식탁 대신 원목 테이블 바로 공간 넓히기

기존보다 주방 공간이 넓어지긴 했지만 그래도 식탁을 들이기에는 좁은 편. 그래서 한쪽 벽면에 소나무 원목 테이블 바를 설치하기로 했다. 주방에 바가 있는 공간을 넣고 싶었던 남편의 아이디어로 탄생한 공간이라고. 덕분에 조리 공간도 넓어져 여러모로 멀티 코너로 변신했다.

3
식탁은 거실로 옮겨오기

거실 테이블을 식탁 겸용으로 사용했더니 식탁이 거실로 들어온 형태가 되었다. 하지만 전혀 어색하지 않고 오히려 조리 공간과 분리된 다이닝 공간이 새로 생겼다. 손님들이 여럿 방문해도 여유롭게 식사를 즐길 수 있어 더욱 좋다고.

4
냉장고는 과감히 주방 밖으로
주방이 좁을 경우 냉장고를 다른 공간에 두는 것도 방법이다. 요리할 때 불편하지 않을까 걱정도 했지만 전혀 불편하지 않을 뿐더러 심플한 수납장과도 잘 어울린다. 수납장에는 자질구레한 생활 용품을 수납했다.

5
기존 식탁 자리에 붙박이 옷장 넣기
따로 베란다도 없어 수납공간이 부족한 탓에 기존 식탁 자리에 붙박이 옷장을 설치했다. 모던 인테리어 컨셉트에 맞춰 화이트 하이그로시 옷장을 골랐더니 옷장이 있음에도 불구하고 공간이 좁아 보이지 않아 만족스럽다고.

6
싱크대 개수대는 주방 창을 바라보게 설치
집주인의 로망 중 하나였던 '설거지 하면서 창 밖 보기'는 주방을 전면 개조함으로써 가능해졌다. 널찍한 창 너머로 계절별로 바뀌는 풍경을 감상하는 일도 작은 즐거움 중 하나다. 햇살이 가득 들어와 주방이 더욱 환해졌다.

신혼살림이지만 재활용한 아이템도 적지 않다. 싱크대 상부장은 이사 오기 전에 설치되어 있던 것을 떼어내 재활용했고 하부장만 새로 주문했다.

싱크대를 적극 활용한 깔끔 수납

모던한 인테리어에 맞추어 수납 역시 정리정돈을 우선으로 고려했다. 싱크대도 상부장과 하부장 공간을 적극 활용하고 키큰장을 설치해 주방 가전을 수납할 수 있는 공간을 따로 마련했다. 싱크대 안은 냄비 정리대와 큰 사이즈의 밀폐용기로 지저분해 보이지 않도록 정리하고 자질구레한 소품들은 바구니에 넣어 두었다.

1 쿡탑 옆으로 키큰장을 설치했는데 이는 조리 시 동선이 짧아지도록 한 아이디어다. 가스레인지와 오븐, 전자레인지가 가까이 있어 실용적이다. 주방 가전 역시 키큰장에 수납했더니 한결 깔끔해 보인다.
2 냄비나 팬 등 부피가 큰 주방 용품은 싱크대 하부장에 수납하는 게 일반적이다. 하지만 겹쳐 놓다 보면 사용하기도 불편하고 의외로 수납공간이 부족해진다. 그녀가 선택한 원목 냄비 정리대는 좁은 공간에 비교적 많은 아이템을 수납할 수 있어 유용하다.
3 평소 큰 사이즈의 밀폐용기를 많이 쓰는데 작은 용품을 정리하는 데에도 좋을 뿐 아니라 싱크대 안이 깔끔해져서 더욱 만족스럽다고. 곡류 보관함도 따로 두지 않고 큰 밀폐용기에 종류별로 넣어 두었다.
4 철재 그릇 건조대를 싱크대 하부장에 넣었더니 부피가 작은 그릇이 효과적으로 수납되었다. 안쪽에 있는 그릇을 꺼내려면 앞쪽에 있는 그릇들을 모두 꺼내야 하는 불편함을 덜 수 있다.

식탁 대신 들인 원목 테이블 바는 부부가 분위기 있게 와인 한잔 하기에도 좋고, 조리 공간도 덤으로 생겨 아주 유용하다.

1 주방 창가에 생기를 주기 위해 둔 재활용 화분을 두었다. 잘 쓰지 않는 접시를 화분 받침대로 활용했더니 색다르고 의외로 화분과 잘 어울렸다. 쓰고 남은 무 뿌리를 물이 담긴 접시에 둔 아이디어도 재미있다.
2 밝고 화사한 분위기를 더하기 위해 선택한 조명. 모던한 주방에 포인트 컬러가 되어 생동감을 주고 톤다운 레드 컬러 가벽과 잘 어울린다. 심플한 주방이라면 조명 컬러를 비비드한 것으로 고르는 것도 방법.
3 차분한 컬러를 좋아하는 부부는 주방 벽타일로 초콜릿 컬러를 선택했다. 화이트 싱크대를 돋보이게 해주면서도 주방을 안정감 있게 받쳐 준다.
4 평소에는 심플한 컬러의 식기를 자주 쓰지만, 색다른 분위기를 내고 싶을 때에는 컬러풀한 아이템을 꺼낸다. 원목 바 테이블에서 티타임을 가질 때 원목과 잘 어울리는 비비드 컬러 식기류를 올려 두면 색다른 멋이 난다.

모던한 주방에 변화를 주는 우드와 컬러 포인트

심플한 그녀의 주방을 감각적으로 보이게 하는 것 중 하나가 컬러 포인트다. 싱크대 벽타일은 모던함을 강조하기 위해 초콜릿 컬러로 선택했는데, 뉴욕풍의 시크한 매력이 넘쳐난다. 유일한 비비드 컬러인 레드 컬러의 조명은 주방에 생기를 살짝 더해 주는 요소가 되었다. 심플한 화이트 식기류를 좋아하는 그녀지만 이런 컬러 톤을 맞추기 위해 컬러풀한 아이템도 즐겨 사용한다고.

SHOPPING LIST

주방 매트 // 코스트코에서 1만~2만 원대에 구입.
원목 바 스툴 // 옥션에서 반제품으로 3만 원대에 구입.
수저통 // 모던하우스에서 9천 원대에 구입.
식기건조대 // 한샘몰에서 3만~4만 원대에 구입.
식탁 겸 테이블 의자 // 이케아(IKEA) 제품으로 지인에게 얻은 것.

서울 노원구 중계동 아파트

62m²

프리랜서 | 이정희

KITCHEN DATA

평형	62m² (19평)
스타일	심플 모던
톤	화이트
주방 가구	싱크대 + 아일랜드

구조변경 부분 시공 DIY

작은 공간을 효율적으로 시공한 모던 주방

오래된 작은 평수의 아파트. 세 식구가 살기엔 큰 무리 없는 크기라 하더라도 불편한 구조는 도저히 그대로 둘 수가 없었다. 이정희 씨는 아이와 함께 살기에 편리하고 아늑한 공간으로 바꾸기로 결정했다.

예전에 거실 겸 방으로 쓰이던 공간과 주방 사이의 벽을 허물었더니 의외로 널찍한 공간이 나왔다. 이 공간에 주방과 거실을 함께 두는 원룸형 구조를 택하고, 방은 침실로 쓰일 곳으로 하나만 두기로 했다. 방을 하나로 줄이는 대신 주방과 거실을 넓힌 셈. 욕실은 작은 평수에 유용한 슬라이딩 도어를 설치해 실용성을 높였다. 이렇게 했더니 평수보다 훨씬 넓고 탁 트인 느낌이 들게 하는 집으로 변신했다.

"아이가 어려서 늘 지켜봐야 하기 때문에 거실과 주방의 경계를 없애고자 했어요. 주방 일을 하면서도 아이가 노는 모습을 지켜볼 수 있어서 좋아요."

거실과 한 공간인 만큼 주방 인테리어는 심플하고 모던한 이미지로 깔끔함을 강조했다. 여기에 식탁으로, 조리대로 활용 가능한 아일랜드를 설치해 실용성을 높였다.

블로그 blog.naver.com/ddalgy319
시공 지엔디스타일 www.gndstyle.com

그녀의 주방 베스트

실용적 주방 만들기

1
**키 낮은 상부장으로
넓어 보이게**

거실에서 정면으로 보이는 싱크대 상부장은 키가 낮은 타입으로 설치했다. 주방이 상부장으로 인해 답답해 보이지 않도록 한 것. 화이트 톤으로만 통일하면 밋밋한 느낌을 줄 것 같아 키 낮은 상부장은 바닥 컬러와 비슷한 브라운 지브라 패턴으로 골랐다.

2
**아일랜드로
조리 공간 확보**

아일랜드는 다양하게 이용되는 멀티 아이템이다. 요리할 때는 조리 공간으로 쓰일 뿐 아니라 식탁으로, 그리고 차를 마시는 테이블로, 책을 보는 책상으로도 요긴하게 쓰인다. 더불어 가벽 역할을 해서 주방이 독립된 공간으로 보이게 해준다.

3
싱크대 위, 작은 북 카페
싱크대 위에는 책을 두는 작은 공간을 마련했다. 요리를 하면서 바로바로 요리책을 꺼내 볼 수 있으면서 잠시 휴식 시간에 책을 볼 수 있도록 한 것. 그 위에 컵이나 주방타월을 넣어 두는 선반에는 메모지를 꽂을 수 있게 해 간단한 메모를 적어두기도 한다고.

4
주방 옆 복도에 간이 화장대 두기
주방에서 침실로 가는 복도의 빈 벽에는 작은 서랍장과 거울을 두어 간이 화장대를 만들었다. 화려한 베네치안 거울은 심플한 인테리어에 변화를 주는 포인트 소품으로도 그만이다. 빈 공간을 효율적으로 이용할 수 있어서 좋고 인테리어 효과도 그만이다.

5
주방 가전은 빌트 인으로 설치, 작은 공간을 효율적으로
주방에 따로 김치냉장고를 둘 공간이 나질 않아서 빌트인 구조로 싱크대에 설치했다. 서랍식이라 사용하기에도 간편하고 깔끔해서 아주 실용적이라고. 전자레인지와 음식물 처리기도 모두 싱크대 안에 설치했다.

아이 용품부터 주방 소품까지 모두 수납장에 보관

싱크대나 아일랜드 위에는 되도록 주방 용품을 올려 두지 않고 싱크대 안으로 모두 수납했다. 주방 소품 또한 몇 가지 아이템만 두어 심플해 보이도록 노력했다. 아이가 있다 보니 필요한 주방 용품을 꺼내 두기 시작하면 너무 복잡해져서 쓰고 나면 바로바로 넣어 두는 등 철저하게 원칙을 따르고 있다.

1 가능한 소품을 많이 두지 않는 대신 꼭 필요한 식기나 냄비 등의 도구에 컬러감을 주는 게 그녀만의 방식. 블랙 컬러의 오븐 위에 비비드한 컬러의 냄비를 올려 두어 화이트 톤 주방의 밋밋함을 덜었다.
2 여러 가지 물건이 뒤섞이게 마련인 싱크대 서랍장 안. 좀 더 공간을 효율적으로 이용하게 많은 아이템을 수납하기 위해서 수납 케이스를 이용하는 편이다. 같거나 비슷한 종류끼리 모아서 수납하면 꺼내 쓰기에도 아주 편리하다.

자주 사용하는 오일류는 싱크대 안에 두지 않고 따로 바구니에 담아 가스 레인지 옆에 두고 사용한다.

밀폐용기는 효율적인 수납을 위해 아예 싱크대 크기에 맞춰 개수를 정한다. 이렇게 하면 불필요한 공간이 남지 않고 수납을 꽉 채울 수 있다. 유리, 플라스틱 등 재질에 따라 보관하는 것은 기본이다.

간결한 주방 소품으로 더욱 모던해지다

수납에만 신경쓰는 게 아니다. 깔끔한 주방을 위해서 되도록 소품을 사용하지 않는 게 포인트. 아일랜드 식탁은 물론 싱크대 위에도 꼭 필요한 소품이 아니라면 여기저기 늘어놓지 않도록 신경 쓴다. 반면 조명으로 포인트를 주었다.

1 아일랜드 위에 심플한 주방에 멋스러움을 더해 주는 포인트 조명을 달았다. 오브제 느낌의 감각적인 조명이 주방의 분위기를 살려 준다.
2 자잘한 주방 용품은 속이 보이지 않는 뚜껑이 달린 라탄 바구니에 넣어 아일랜드 위에 올려 둔다. 나무 소재의 바구니가 싱크대의 브라운 지브라 패턴과 어울려 심플한 인테리어에 포인트를 더한다.

SHOPPING LIST

복도에 있는 베네치안 거울 // 온라인 숍에서 28만 원대에 구입.
모노톤의 주방타월 // 무지에서 개당 3천 원대에 구입.
오일 넣어 둔 바구니 // 2001아울렛에서 3천 원대에 구입.

서울 동대문구 용두동
아파트

79m²

회사원 | 김신현

KITCHEN DATA

평형	79m² (24평)
스타일	미니멀 모던
톤	화이트 + 블랙
주방 가구	싱크대 + 아일랜드

구조변경　부분 시공　DIY

세 가지 컬러로
심플 키친을 완성하다

김신현 씨가 처음 리모델링할 때 시공업체에 주문한 콘셉트는 딱 하나였다. '군더더기 없이 깔끔할 것'. 지은 지 20년이나 된 아파트라 낡고 지저분한 곳이 한두 군데가 아니었고, 셀프 인테리어로 리폼이 되어 있었던 주방 역시 답답하면서 좁아 보여 심플하게 바꾸고 싶었단다. 무엇보다 작은 평수를 넓어 보이게 하고 싶은 바람이 가장 컸다. "집 전체 콘셉트를 블랙 & 화이트로 잡았고, 주방도 이에 맞춰 시공해 줄 것을 부탁했어요. 주방 용품이 밖으로 드러나지 않도록 수납공간이 많은 구조를 원했죠." 부분시공 후 주방은 일자형 싱크대와 아일랜드가 있는 현대적인 모던 스타일로 바뀌면서 수납공간 또한 넉넉해졌다. 상부장은 천장까지 꽉 차 있는 구조이지만 화이트 컬러를 택해 답답해 보이지 않게 했고, 식탁 대신 아일랜드를 설치해 조리 공간과 수납, 식탁까지 해결하는 멀티 공간으로 탈바꿈시켰다.

그녀의 주방에서 눈에 띄는 것은 단연 컬러 매치다. 심플하면서도 세련된 화이트와 블랙을 메인 컬러로 두면서 포인트로 레드 컬러를 골랐다. 레드는 남편이 가장 좋아하는 컬러이기도 해 신혼집인 만큼 남편에게 선물을 주는 의미로 선택했다고. 더불어 현관문을 열고 들어오면 가장 먼저 시선이 머무는 곳이라 레드 컬러로 인해 감각적인 느낌이 들도록 한 것.

다용도실로 통하는 문을 블랙 컬러로 페인팅하는 것 역시 남편의 의견이었는데, 자칫 평범해 보이기 쉬운 모던 스타일에 개성을 더해 준다. "처음엔 반대했었어요. 블랙 컬러의 문은 생각만 해도 답답해 보일 것 같았거든요. 하지만 시공해 보니 깔끔해 보이고 시크한 매력이 있어 잘했구나 싶어요."

블로그 blog.naver.com/sweet502sh　시공 마루디자인 blog.naver.com/psh01012000

그녀의 주방 베스트

심플 모던 인테리어 팁

1, 2

1
싱크대와 평행 구조의 아일랜드

애초 싱크대와 연결해서 조리대의 용도로 사용하려 했으나 공간이 나오질 않아 선택한 평행 구조. 높이를 싱크대에 맞췄더니 조리대로 사용하면서 개수대나 가스레인지로 이동하는 데에도 편리하다. 식탁으로도 사용할 수 있어 실용적이다.

2
컬러 포인트가 되는 소품으로 분위기 전환

심플하지만 밋밋해 보일 수 있는 주방 분위기를 활기차게 바꿔 주는 것이 바로 레드 컬러의 등이다. 침실에서 사용할 만한 크기에 강렬한 레드 컬러가 주방을 색달라 보이게 한다. 흔히 매치하는 식탁 등 대신 개성 있는 디자인을 선택한 감각이 눈여겨볼 만하다.

3
세련미를 더하는 그레이 컬러 타일로 컬러 조화

싱크대 위 타일은 흔히 하는 화이트 컬러 타일 대신 그레이 컬러를 골랐다. 자칫 평범해 질 수 있는 스타일이 이 타일 하나로 세련되게 바뀌었다. 스톤 느낌의 타일로 모던한 느낌을 주면서도 차가워 보이지 않는 것이 특징.

4
시크한 블랙 컬러로 모던함 강조

그녀의 주방을 더욱 모던하게 만들어 주는 것이 블랙 컬러다. 싱크대 하부장과 아일랜드 하부, 현관문, 신발장 모두 블랙 컬러로 통일했다. 특히 싱크대는 깔끔함을 위해 손잡이 없는 스타일로 주문했다.

5
화려한 디테일 대신 미니멀한 디자인으로

아일랜드와 잘 어울리도록 바 스툴도 모던한 디자인으로 골랐다. 블랙과 레드 컬러를 믹스하는 감각이 과감하면서도 세련됐다.

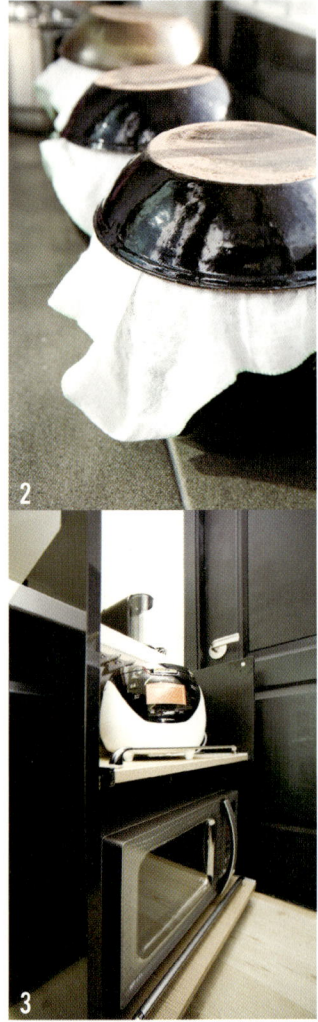

빈 주스 병과 다 쓴 화장품 박스, 빈 택배 박스 등 맘만 먹으면 무엇이든 훌륭한 수납 아이템이 될 수 있다.

1 평소에도 사용하고 난 그릇은 깨끗이 물기를 닦아 상부장에 넣어 둔다. 자주 사용하는 그릇이나 유리컵만 그릇 건조대에 놓고 쓰는데 이것도 많이 꺼내 놓진 않는다.
2 결혼할 때 시어머니가 직접 담근 된장과 고추장을 장독에 담아 선물해 주셨는데 베란다에 두고 애용한다고. 좋은 맛을 오래 간직하기 위해 전통적인 방법을 그대로 따르기로 했다.
3 아일랜드 하부에는 전기밥솥과 전자레인지를 넣어 둘 수 있도록 했다. 오픈장으로 하지 않고 문을 설치해 사용하지 않을 때에는 깔끔해 보일 수 있도록 했다.

보이지 않는 수납과 컬러 포인트의 소품

싱크대 상부장과 하부장, 그리고 아일랜드 하부에 수납공간을 넉넉히 넣어 대부분의 주방 용품을 수납할 수 있도록 했다. 싱크대 위에는 매일 쓰는 컵이나 요리를 위한 양념통 등 기본적인 것만 올려놓는다. 양념통도 한꺼번에 여러 가지를 넣어 둘 수 있는 심플한 디자인으로 골라 자리를 많이 차지 않도록 했다. 심플한 주방인 만큼 소품은 디자인이나 컬러에 있어서 포인트가 될 수 있는 것으로 골랐다. 식탁 등에 맞춰 레드 컬러 찻잔을 두거나, 벽에 걸린 스테인리스 소재의 시계 등이 모던 인테리어에 잘 어울린다.

설거지한 후 그릇을 올려 두면 물기가 빠르게 제거되는 스테인리스 소재의 그릇 건조대. 심플한 디자인이라 모던한 스타일에 잘 어울린다.

1 숟가락과 포크로 된 스테인 소재의 모던 시계는 심플하면서도 아이디얼한 디자인이 발랄한 느낌을 준다. 자칫 무거울 수 있는 모던 인테리어에 더없이 잘 어울리는 스타일.
2 레드 컬러로 포인트를 준 주방이라 소품에도 같은 컬러로 통일감을 주려고 했다. 아일랜드 위에 두면 컬러 대비가 산뜻하다.

SHOPPING LIST

아일랜드 위 레드 조명 // 램프랜드 www.lampland.co.kr에서 8만 원대에 구입.
아일랜드 바 스툴 // 쇼핑몰 11번가에서 각각 5만 원대에 구입.
수저 모양 시계 // 지인에게 선물 받은 것.

경기 수원시 장안구 정자동 아파트

85m²

회사원 | 김수진

KITCHEN DATA

평형	85m² (26평)
스타일	내추럴 모던
톤	화이트 + 우드
주방 가구	싱크대 + 식탁 + 미니 테이블

구조변경　부분 시공　DIY

미니 북 카페를 들인 화이트 모던 키친

비슷비슷한 아파트 구조라도 공간을 어떻게 재해석하느냐에 따라 분위기가 많이 달라진다. 김수진 씨의 주방은 작은 공간을 다양한 기능이 가능한 멀티 공간으로 충분히 바꿀 수 있다는 예를 보여 주고 있다. 먼저 그녀는 주방에 독립적인 다이닝 공간과 작은 서재를 겸할 수 있는 컴퓨터 테이블을 들이고 싶었다. 20평대의 작은 아파트로 방이 2개 밖에 되지 않아 안방과 아이 방으로 하고 나니 서재를 둘 곳이 딱히 없었기 때문. 주방에서 보내는 시간이 많은 만큼 서재를 옮겨 오면 더욱 편리해질 곳 같았다.

인테리어 디자이너와 도면을 놓고 고심하던 중 색다른 아이디어가 떠올랐다. 보조 주방을 확장한 후 그곳에 다이닝 공간과 서재 공간을 함께 두고, 싱크대는 주방 가운데에 가벽을 설치하기로 한 것. 그리고 냉장고는 기존의 신발장이 있던 자리를 냉장고 장으로 만들어 넣기로 했다. 주방에 들인 2개의 가벽은 각각의 공간에 독립성을 부여하면서도 서로 이어주는 역할도 동시에 하고 있는 셈. 넓어 보이는 효과를 위해 컬러는 화이트, 블랙, 우드 3가지로 한정했다.

독특한 아이디어로 재탄생한 주방은 작은 북 카페가 되어 수진 씨와 아이들이 가장 오랫동안 머물며 대화하는 공간이 되었다. 조만간 싱크대 맞은 변 벽에는 키 작은 책장을 두어 아이들이 쉽게 책을 꺼내 볼 수 있는 공간으로 바꿀 예정이다.

시공 달앤스타일 cafe.naver.com/dallstyle

그녀의 주방 베스트

멀티 공간 아이디어

1
가벽으로 싱크대와 식탁 공간 분리하기
답답한 느낌을 주지 않으면서도 공간을 분리하는 효과를 보기 위해 원목 가벽을 선택했다. 내추럴한 느낌의 원목으로 편안한 분위기를 주기로 한 것. 다소 복잡해 보일 수 있는 공간을 주방과 다이닝 공간으로 확실히 분리하면서 공간 활용도가 높아졌다.

2
복잡한 싱크대 가벽으로 커버하기
주방의 구조에 따라 가벽을 설치해 주방의 살림살이들이 밖에서 보이지 않도록 신경 썼다. 가벽의 키를 낮추어 시공해 싱크대에서 요리나 설거지를 하면서도 식탁에 앉아 있는 가족과 대화를 주고받거나 접시를 건넬 수 있게끔 신경 썼다.

3
주방 창가 쪽에 들어선 다이닝 공간

기존에 있던 보조주방을 확장하면서 하늘이 보이는 보조주방 창 바로 앞에 식탁을 놓기로 했다. 싱크대를 가린 가벽 덕분에 오롯이 독립된 공간으로 활용하기에도 좋다.

4
데드스페이스에 아늑한 서재 공간 확보

주방의 싱크대 벽면 쪽으로 세운 가벽 옆에는 원목 소재의 컴퓨터 책상을 두어 서재 공간을 만들었다. 작은 평수라면 거실에 컴퓨터를 두는 것보다 따로 공간을 마련해 주는 게 훨씬 깔끔하다.

5
주방과 거실 사이 빈티지 수납장

주방과 거실을 이어주는 공간의 벽면에 빈티지풍의 수납장을 두어 공간의 연결성을 주었다. 자주 사용하지 않는 그릇을 수납하고 장식용 접시 등을 세팅해 공간 스타일링에 신경 썼다.

싱크대와 자투리 공간을 활용한 똑똑 수납

주방 용품이 드러나는 것을 좋아하지 않던 수진 씨는 되도록 많은 수납을 위해 싱크대를 적극 활용하기로 했다. ㅅ자 구조의 독특한 싱크대는 한쪽 벽면에 상부장을 달고 하부장은 싱크대 구조대로 만들어 넣었다. 그리고 냉장고 장을 현관 옆에 설치하고 남은 작은 공간에 또 다른 수납장을 짜 넣었다. 독특한 싱크대 구조 덕에 작은 주방이지만 수납공간이 넉넉해져 그녀가 강조했던 심플 모던 주방이 가능해졌다.

1. 약간의 공간이 남아 설치한 블랙 수납장은 다양한 주방 용품부터 와인까지 수납이 가능해 의외로 실용적이다. 주방 가구와 가전제품을 들이고 나서 애매하게 남는 자투리 공간이 없는 지 잘 살펴본 덕이다.
2. 싱크대 왼쪽 편은 아일랜드 공간으로 아래쪽에 가전제품을 두는 수납공간으로 만들었다. 높지 않은 가벽이 자질구레한 주방 용품을 적당히 가려 준다. 깔끔한 주방으로 연출하고 싶었던 콘셉트와도 잘 맞아 떨어진 셈.
3. 완벽한 수납을 위해 상부장을 꽉 차게 들였는데 한쪽 벽면으로 치우쳐져 생각보다 답답해 보이진 않았다. 대신 수납공간이 많아져서 주방 용품을 모두 싱크대 안으로 넣는 데 성공했다. 싱크대 안은 공간 분리를 위해 플라스틱 바구니를 이용해 아이템 별로 수납한다고.

주방 가전이 그대로 드러날 경우 복잡하거나 지저분해 보일 수도 있다. 이런 단점을 피하기 위해 싱크대 가벽 쪽 아일랜드 공간 밑에 따로 공간을 만들었다.

모던 인테리어를 위한 간결한 소품 매치

워낙 심플한 스타일을 좋아하는 탓에 주방 소품은 많이 두지 않았다. 간결한 모던 스타일을 추구했기 때문에 소품보다는 조명으로 주방 분위기를 더욱 아늑하게 만드는 데 중점을 두었다. 그래서인지 작은 공간이긴 하지만 조명이 여러 개 등장한다. 각각 다른 공간별로 어울리는 조명을 고르는 아이디어가 멋지다.

1 그냥 지나치지 쉬운 싱크대 맞은편 벽을 색다르게 활용하는 방법 중 하나가 바로 갤러리 공간으로 만드는 것. 아직 마음에 드는 그림을 고르지 못해 비워 두고 있지만 벽을 비추는 레일 등으로 갤러리 느낌을 충분히 살리고 있는 듯하다.

2 모던 인테리어에 있어 딱딱한 분위기를 살짝 벗어나고 싶다면 우드 소재의 소품을 활용하는 것이 좋다. 우드가 가지는 편안하면서도 부드러운 분위기가 주방을 좀 더 아늑하게 만들어 준다.

3 도시적인 이미지를 주기 위해 선택한 원목 식탁과 원목 의자. 블랙 컬러가 포인트도 들어가 시크하지만 전혀 차가워 보이지 않는다. 모던 인테리어와 내추럴 소품은 의외로 잘 매치되기 때문에 소품 활용에 이용하면 좋다.

식탁이 놓인 다이닝 공간과 컴퓨터가 놓인 서재 공간, 그리고 싱크대에는 서로 다른 등이 있다. 은은한 분위기를 주는 서재 등(왼쪽)과 아늑함을 더해 주는 식탁 등(오른쪽).

SHOPPING LIST

아일랜드 위 컵 걸이 // 모던하우스에서 1만 원 미만에 구입.

우드 벽시계 // 대형마트에서 1만 원대에 구입.

우드 식탁 & 식탁의자 // 시공업체에 의뢰한 것.

싱크대 위 컬러풀 도마 // 조셉조셉 www.josephjoseph.com 브랜드 제품으로, 코스트코에서 5만 원대에 구입.

서울 영등포구 양평동 아파트

105m²

가구 디자이너 | 노은정

KITCHEN DATA

평형	105m² (32평)
스타일	심플 모던
톤	블랙 + 그레이
주방 가구	싱크대 + 식탁 + 수납장

구조변경 부분 시공 DIY

실용성을 높인 심플 모던 키친

한 살배기 아이가 있는 집이라고는 상상조차 할 수 없을 만큼 모던한 이곳은 가구 디자이너 노은정 씨의 주방이다. 간결하고 심플한 것을 좋아하는 안주인의 모습과 닮아 그녀의 주방은 군더더기 하나 없이 깔끔하고 세련된 스타일이다. 도시적인 주방 공간에 주방 가구를 꽉 차게 들였는데 이는 수납공간을 최대한 확보하기 위해서다. 아이 용품은 물론 보조주방을 가득 채우는 각종 주방 용품까지도 수납할 수 있도록 키 큰 수납장을 양쪽으로 설치한 것도 특징이다.

모던한 매력이 멋스러운 싱크대 스타일 역시 실용성을 강조한 그녀의 인테리어 원칙을 잘 따랐다. 주방 전체에 흐르는 블랙과 실버, 그리고 화이트 컬러는 차분하면서도 엣지 있고 모던 스타일을 더욱 스타일리시하게 보이게 한다. 상부장은 화이트와 실버로 처리해 무거운 느낌을 줄이고, 반면 하부장은 하이글로시 소재의 블랙으로 처리해 심플함과 모던함을 더했다.

상부장과 하부장을 자연스럽게 이어 주는 그레이 컬러의 벽돌 모양의 주방 타일도 그녀의 센스가 돋보이는 부분. 블랙 컬러 식탁에 펄이 들어간 그레이 컬러의 벽을 매치하는 등 그녀의 남다른 컬러와 소재 매치는 모던한 주방 곳곳을 빛낸다. 도시 생활에 익숙한 현대인들에게 실용적이면서도 기능적인 주방을 추천한다면 바로 이런 이미지가 아닐까 싶다. 블로그 blog.naver.com/herb0727 시공 핵사 인테리어 디자인

그녀의 주방 베스트

모노톤 인테리어 포인트

1
블랙 & 우드 컬러 식탁으로 유니크하게

그녀의 주방에서 가장 빛나는 공간을 꼽는다면 단연 다이닝 공간이다. 은은한 조명과 더불어 모던하면서도 아늑한 분위기를 연출했다. 특히 나무살을 여러 개 묶어 만든 등받이가 독특한 식탁 의자는 심플한 주방 인테리어에 포인트가 된다.

2
모던 스타일을 강조한 그레이 컬러 벽타일과 화이트 컬러 상부장

블랙 컬러가 메인이지만 주방은 전혀 어두운 느낌이 들지 않는다. 화이트 컬러로 매치한 싱크대 상부장과 이 두 컬러 사이의 거리감을 좁혀 주는 그레이 컬러의 벽타일 때문이다. 전체적으로 모던한 느낌을 강조해 주어 더욱 멋스럽다.

p.194

3
능률적인 공간 연출을 위한 키큰장

싱크대 양 옆으로 설치한 키큰장은 수납공간을 여유 있게 확보해 줄 뿐만 아니라, 작은 공간을 효율적으로 활용하는 법을 제대로 알려 준다. 천장에서 바닥까지 이어지는 수납장의 크기는 바로 공간을 최대한 이용하기 위해서라고.

4
모던한 공간에 식물을 놓아 자연미 강조

주방에 약간의 생기를 더하고 싶다면 집 안 화분에 있는 잎을 적극 활용해 보자. 빈 유리잔에 물을 담고 나뭇잎을 몇 개 드리우기만 해도 싱그러움이 가득 살아난다. 수경재배가 가능한 식물을 넣어 두는 것도 좋은 방법이다.

5
답답해 보이기 쉬운 공간에 미니 창 달기

블랙을 주 컬러로 처리할 경우 우려되는 부분은 답답해 보일 수 있다는 점이다. 그녀는 이러한 우려를 작은 미니 창으로 커버했다. 창틀은 주방의 메인 컬러와 통일해 블랙으로 처리했는데, 오히려 밝은 햇빛과 대조를 이루어 햇볕이 더욱 강렬한 느낌이다.

넉넉한 수납공간은 주방을 더 넓어 보이게 한다. 작은 주방이라면 어느 정도 수납공간을 확보할 수 있도록 시공하는 것이 현명하다.

좁은 공간을 최대한 살린 만점 수납법

깔끔하게 정리된 것을 좋아하는 집주인 덕에 주방 가구는 콤팩트하면서도 실용적인 기능을 강조한 스타일로 제작되었다. 가장 신경 쓴 부분이 보조주방에 흔히 두는 자질구레한 주방 용품까지도 수납할 수 있는 큰 수납장을 설치하는 것. 좁은 주방이 더 협소해 보이지 않을까 싶던 걱정은 시공 후, 수납장을 보면서 완전히 사라졌다. 깔끔하면서도 모던 스타일의 인테리어를 더욱 돋보이게 해준다.

1 주방 한쪽 벽 전체를 차지하는 키큰장 속은 철저한 공간 분리의 원칙에 따라 수납했다. 위쪽에는 밀폐용기를 주로 수납하고, 아래쪽에는 아이들 간식거리용 식품을 넣어 두었다.
2 음식을 하면서 쉽게 꺼내 쓸 수 있도록 자주 쓰는 그릇은 조리대 바로 위 상부장에 수납하였다. 쿡탑에서 요리를 한 후 자연스럽게 그릇을 꺼내 담을 수 있도록 동선을 고려한 수납법이다.
3 모던 인테리어의 흐름과 어울리지 않는 주방 가전은 키큰장 안으로 수납할 수 있도록 했다. 사용할 때마다 문을 열어야 하는 단점이 있지만, 문을 닫아 두면 주방이 깔끔해져 만족스럽다고.

모노톤 컬러로 간결함을 살린 주방 소품

전체적인 인테리어 콘셉트에 맞춰 주방 소품 역시 컬러를 모노톤으로 통일시켰다. 실버와 블랙, 화이트는 세련되어 보이면서도 안정된 느낌을 준다. 대신 너무 차가운 이미지가 나지 않도록 주방 창가에 작은 식물을 두어 생동감을 더해 준다. 그리고 화려한 포인트 컬러가 없어도 과일이나 음식이 그 컬러를 대신해 주기 때문에 여러 가지 컬러를 굳이 믹스하진 않는다고.

1 화이트 컬러의 식기를 주로 사용하기 때문에 그릇 받침대는 블랙 컬러를 선호한다. 모던한 느낌을 강하게 줄 수 있을 뿐 아니라 음식의 컬러감을 더욱 돋보이게 해준다.
2 도시적이고 시크한 조명은 모던한 주방을 더욱 감각적으로 보이게 한다.
3 숫자와 바늘이 각각 떨어져 있는 특이한 벽시계를 블랙 수납장에 두었더니 화이트 컬러만으로도 주방을 감각적으로 만들어 준다. 스카이 블루 컬러의 시계 바늘이 유니크하다.

SHOPPING LIST

냉장고 옆 벽시계 // 쇼핑몰 11번가에서 1만 원대에 구입.
네스프레소 커피머신 // 현대백화점에서 40만 원대에 구입.
블랙 그릇 받침대 // 강남고속버스터미널 상가에서 1만5천 원대에 구입.
식탁과 식탁 의자 // 가구인 www.gaguin.com에서 1백50만 원대에 구입.

구조변경 | 부분 시공 | DIY

경기 수원시 장안구 정자동 아파트
112m²

쇼핑몰 CEO | 강정은

KITCHEN DATA
평형	112m² (34평)
스타일	빈티지 모던
톤	블랙 + 그레이
주방 가구	싱크대 + 식탁 + 보조주방 수납 붙박이장

모던과 빈티지가 만난
멀티 플레이 키친

'주방은 무조건 밝은 컬러야 한다'는 생각에서 과감히 탈피한 주방이다. 블랙과 그레이, 우드 컬러로 매치된 모노톤 컬러가 주방을 도시적이면서도 세련되고 안정감 있어 보이게 해준다. 모던하지만 너무 차갑지 않고 편안한 느낌이 함께 드는 것은 곳곳에 매치된 빈티지 소품 때문. 집주인이자 쇼핑몰 강아지숲 CEO인 강정은 씨가 발품 팔아 하나하나 구입한 것들이다.

언뜻 보면 정은 씨의 주방은 아주 심플한 구조다. 하지만 자세히 들여다 보면 얼마나 꼼꼼하게 계획해 완성한 주방인지 알 수 있게 된다. 리모델링 전, 원하는 주방 인테리어 스타일과 구조를 도면으로 그려서 시공업체에 부탁했을 정도다. 주방과 거실을 분리해 답답함을 주었던 주방 가벽은 반 오픈형으로 바꿨고, 거실에서 주방으로 이어지는 슬라이딩 도어는 과감하게 없앴으며 개수대와 쿡탑, 후드의 위치도 바꿨다. 여기에 30평대 아파트 주방에서 볼 수 있는 작은 창도 인테리어 완성도를 위해 막아 버렸다. 이렇게 했더니 그녀의 꼼꼼함이 절실히 드러나는 스페셜한 공간으로 탈바꿈했다.

블로그 blog.naver.com/ajee1201
시공 아르떼인테리어 www.artedesign.kr

그녀의 주방 베스트

아이디어가 돋보이는 주방 개조

1
답답한 가벽은 과감하게 줄이기

리모델링 전, 주방과 거실 사이에는 2m가 넘는 슬라이딩 도어가 있었다. 주방과 거실 사이의 가벽 역할을 했던 것인데, 집 전체가 너무 답답해 보여 과감하게 철거했다. 대신 싱크대만 살짝 보이도록 가벽을 만들고 절반을 창으로 처리했다.

2
원하는 디자인의 싱크대가 없다면 직접 디자인하기

싱크대는 기존에 있는 싱크대 모델이 아니라 직접 디자인해 시공업체에 의뢰한 것. 2011년 시공 당시 유행했던 싱크대에 손잡이나 메탈 테두리가 없는 시크한 디자인이 포인트로, 모던하면서도 실용적인 것이 특징이다. 그리고 상부장은 흑경으로, 하부장은 블랙도장으로 처리해 색다른 느낌을 주었다.

3
색다른 타일 선택으로
갤러리에 온 듯한 느낌

어느 것 하나 예사로운 것이 없지만 그중 단연 돋보이는 것이 바로 벽과 바닥에 시공한 타일이다. 바닥은 매트 블랙 타일을, 벽은 돌느낌이 나는 수입 석재 타일을 선택했다. 석재 타일은 흔히 카페에서 시공하는 것으로 좀 더 세련된 분위기를 준다.

4
창만 바꿔도 스타일이
달라진다

아파트에서 흔히 볼 수 있는 주방 창과 보조 주방의 문은 개성 없고 어수선한 느낌이라 과감히 변신하기로 결정했다. 싱크대 쪽에 있던 창문을 없애고 보조주방 문도 심플하게 바꿔 시선이 분산되는 것을 막았다. 문에는 망입유리를 넣어 안정성을 높이면서 이국적인 느낌을 더해 주었다.

쓰지 않는 주방 아이템은 과감히 버려 수납공간 확보

깔끔한 이 집의 주방을 보고 있노라면 '주방에서 머무는 시간이 거의 없는 게 아닐까?'하는 생각이 든다. 하지만 집에 있는 대부분의 시간을 주방에서 보낼 만큼 정은 씨는 이곳에서 하는 일이 아주 많단다. 그럼에도 주방이 이토록 간결해 보이는 건 철저하게 안으로 넣는 수납법과 쓰지 않는 물건을 과감히 버리는 그녀의 센스 덕분이다.

"싱크대나 수납장 깊숙이 들어가 있으면서 먼지만 앉는 그런 물건이 꼭 있잖아요. 대부분 아까워서 버리거나 남 주지 못하는데 전 과감히 정리를 해요. 꼭 필요한 사람에게 주거나 버리고 대신 그만큼 새로운 수납공간을 확보하죠. 이렇게 하면 새로운 주방 용품을 하나 사는데도 아주 신중해진답니다."

1 집주인의 성격대로 그릇류는 거의 화이트 계열로 무늬 또한 심플하다. 그릇을 상부장에 보관할 때는 크기와 스타일별로 꼼꼼하게 분류하는 게 포인트. 큰 것부터 차곡차곡 넣어 한결 정돈된 느낌을 강조한다. 상부장 아래에는 소품을 연출할 선반을 달아 주방에 생기를 더했다. 좁은 폭의 두툼한 원목을 선반으로 달아 주방 벽에 포인트를 주었다.

2 주방 내부에 모자란 수납공간은 보조주방에 마련했다. 냉장고를 두는 자리를 남겨 두고 보조주방 한면을 꽉 차게 수납장을 짜 넣었다. 사슬문 찬장은 위로 열면 내부가 드러나는 구조로 수납 용품을 쉽게 꺼낼 수 있으면서도 계속 노출시키지 않아도 된다.

심플한 우드 식탁은 모던하면서도 내추럴해 블랙 톤의 주방 인테리어에 잘 어울린다.

빈티지 & 앤티크 소품과 모던 인테리어의 믹스매치

자칫 사무적으로 보일 수 있는 공간에 빈티지 & 앤티크 소품들이 적절히 들어옴으로써 따뜻한 온기가 더해졌다. 다이닝 공간에는 빈티지 그린 컬러의 의자와 앤티크 스탠드 조명이, 선반에는 멋스러운 앤티크 소품을 두어 개성 있는 공간을 만들었다. 오랜 시간 주방에서 보내는 만큼 시크하지만 편안함을 더하려는 그녀의 생각을 그대로 반영해 주는 듯하다. 무심한 듯 놓여진 가구와 소품도 여러 인테리어 숍을 다닌 끝에 찾아낸 정성이 들어간 것들이다.

1 빈티지한 컬러감이 남다른 오리엔탈풍의 식탁 의자는 모던한 주방에 색다른 분위기를 더해 준다.
2 스테인을 먹이지 않아 나뭇결 느낌이 그대로 살아 있는 식탁은 알고 보면 아주 특별하다. 150년 된 티크 목재로 만들어져 있으며 아무런 가공을 하지 않았다. 가끔 샌딩 페이퍼로 문질러 주면 지저분한 것들이 없어지면서 새것 같은 느낌이 들어 더욱 마음에 든다고.
3 식탁 위 독특한 식탁 등은 직접 제작한 것으로, 공사장에서 사용되는 백열등 40개 모아 조명 숍에 직접 의뢰해 만들었다. 빈티지하면서도 아이디얼한 조명을 매치하고 싶어 직접 디자인했다.

SHOPPING LIST

식탁 옆 레트로 빈티지 조명 // 이태원 앤티크 숍에서 50만 원대에 구입.
빈티지 그린 식탁 의자 // 아시안 데코 www.asiandeco.co.kr에서 50% 세일할 때 20만 원대에 구입.
우드 식탁 & 식탁 의자 // 분당 인테리어 숍 세덱 www.sedec.kr에서 2백20만 원대에 구입.
싱크대 우드 선반 위 앤티크 저그와 촛대 // 이태원 앤티크 숍에서 저그 30만 원대, 촛대 10만 원대에 구입.

서울 용산구 청암동
아파트
247m²
의상 디자이너 | 김한희

KITCHEN DATA
평형　　247m² (75평)
스타일　빈티지 모던
톤　　　실버 + 브라운
주방 가구　싱크대 + 식탁 + 수납장 + 아일랜드

구조변경　부분 시공　DIY

빈티지와 모던 스타일을 믹스한 올인원 키친

의상 디자이너 김한희 씨의 주방은 다양한 스타일이 공존하는 색다른 공간이다. 싱크대와 냉장고, 오븐, 수납장이 하나로 된 올인원 형식의 주방 가구는 기능성을 강조한 모던 스타일. 여기에 강렬한 실버 컬러의 스틸 아일랜드와 바 스툴이 모던함을 더욱 강조했다. 그린 컬러의 타일과 빈티지 스테인리스 주방 용품을 더해 북유럽 분위기를 더하고, 그레이 컬러 벽에는 색채감이 도드라지는 중국 신진작가의 그림을 걸어 버라이어티한 주방의 모습을 담고 있다. 한 가지 스타일에만 국한하지 않고 여러 스타일을 믹스함으로써 개성 강한 공간이 탄생되었다.

모던함을 좋아하는 부부지만 너무 간결한 스타일은 벗어나려고 했다. "모던하되 포인트 요소가 있는 인상적인 주방으로 꾸미려고 했어요. 싱크대도 지브라 패턴이 있는 스타일로 골랐고요, 바닥 시공도 갈매기 모양으로 색다르게 해보았어요." 그녀의 말에서도 알 수 있듯이 주방에는 부부만의 독특한 취향이 곳곳에 묻어있다. 스테인리스 소재로 된 다양한 주방 도구는 7~8년이 넘을 정도로 오래 전부터 사용한 것들로 한꺼번에 구입한 것이 아니라 하나하나 마음에 드는 제품이 있을 때 사서 모아 온 것 들이다. 스틸 소재로 된 꽤나 튼튼해 보이는 아일랜드도 신선하다. 크고 넓으면서 오랫동안 사용해도 좋을 스타일로 주문한 것으로 조리할 때 편리하고, 그 자체만으로 모던한 느낌이 강하게 들어 만족스럽다고. 주방에서 보내는 시간이 많은 만큼 지루하지 않게 다양한 스타일을 접목시키려 했다는 그녀의 감각이 놀랍다.

시공 지엔디스타일 www.gndstyle.com

그녀의 주방 베스트

믹스매치 스타일링

1
컬러풀한 색채가 감각적인 갤러리 공간
모던한 주방 한쪽 벽에는 컬러감이 돋보이는 중국 신진작가 '쩌우 타오'의 작품을 걸어 작은 갤러리로 만들었다. 가짜 돼지코를 걸고 있는 익살스러운 주인공 소년이 흥미로운 그림은 심플한 주방을 활기찬 공간으로 만들어 준다.

2
모던 주방 가전과 빈티지 조리 도구의 매치
블랙 톤의 주방 가전은 모던한 디자인을 좋아하는 부부의 취향. 그 옆에 자리 잡고 있는 스테인리스 소재의 다양한 조리 도구는 언뜻 보면 새것 같지만 오래된 빈티지 제품들이다. 현대적인 것과 빈티지한 것들이 모여 색다른 조화를 이룬다.

3
북유럽 스타일이 엿보이는 기능적인 주방 가구
모던하지만 기능성을 중요시한 스틸 아일랜드와 심플한 식탁은 북유럽 스타일에서 힌트를 얻었다. 스틸 소재로 통일성을 준 감각도 돋보이는 요소다. 여기에 컬러 포인트가 되는 작은 소품을 하나 두면 더욱 스타일리시해진다.

4
지브라 패턴의 싱크대와 갈매기 모양의 바닥
독특한 패턴의 싱크대와 갈매기 모양의 원목 바닥은 자연적인 느낌이 더해진 스타일. 모던 스타일로 인해 차갑고 딱딱해질 분위기를 어느 정도 부드럽게 완화시키는 역할을 한다. 심플하지만 편안한 공간이기를 원했던 그녀의 감각이다.

5
현대적인 시스템의 일체식 주방
싱크대와 냉장고, 오븐, 그리고 수납공간을 하나의 가구로 이어져 만든 올인원 스타일. 모던한 디자인에 기능성을 더해 현대적인 주방 가구의 모습을 띈다. 주방 동선을 고려한 스타일이라 사용하기 편리한 것이 특징.

시스템 수납장으로 깔끔하게 정리

시공할 때부터 수납까지 고려해 싱크대를 설치했기 때문에 대부분의 주방 용품은 싱크대 수납장에 넣어 둔다. 싱크대 상부장과 냉장고와 연결된 수납장에는 그동안 모아 온 각종 그릇 등이 빼곡하게 수납되어 있다. 평소 해외출장이나 여행에서 하나씩 그릇을 구입하는 편이라 다양한 디자인과 컬러의 제품이 많은 편. 자주 쓰는 그릇은 개수대 위 상부장에, 가끔씩 쓰는 그릇은 냉장고 옆 키 큰 장에 수납한다. 요리에 필요한 각종 재료나 향신료 등은 조리할 때 꺼내 쓰기 편하도록 아일랜드 옆 서랍식 수납장에 넣어 두었다.

평소 좋아하는 스테인리스 조리 도구는 용도에 맞게 쓰기 간편하도록 벽에 수납걸이를 달아 많이 수납할 수 있도록 했다. 독일 WMF와 ROSLE 브랜드 제품이 많다.

1 같은 디자인, 다른 컬러의 수저통을 여러 개 두어 자주 사용하는 수저와 포크 등을 넣어 두었다. 싱크대 위를 평소에는 깔끔하게 두는 편이지만, 인테리어 효과를 위해 포인트 아이템으로 두었다고.
2 싱크대 위에 양념통을 종류별로 늘어놓게 되면 지저분해 보이기 쉬워 미니 사이즈의 양념통을 두었다. 깔끔하게 정리도 되면서 필요할 때 마다 조금씩 꺼내 쓸 수 있어 실용적인 편.
3 특별한 날 사용하는 그릇은 냉장고 옆 키큰장에 종류별로 수납해 두었다. 키큰장 내부는 그리 깊지 않아 꺼내 쓰기 간편하다. 수납공간이 넉넉한 편이라 대부분의 그릇이나 주방 용품은 수납장에 넣어 두고 그때 그때 꺼내 쓴다.
4 태국이나 중국 음식을 좋아하는 부부는 해외여행에서 다양한 요리 재료를 사오곤 한다. 그래서 모아 둔 음식 재료만 엄청난데 대부분 서랍식 수납장에 넣어 두고 사용한다. 조리대로 많이 사용하는 아일랜드와 가까워 꺼내 쓰기 편하고, 열었을 때 원하는 재료를 쉽게 찾을 수 있다.

모던과 빈티지의 감각적인 소품

많은 소품을 두진 않았지만 집주인의 안목이 돋보이는 소품 몇 가지만으로도 주방이 멋스럽다. 모던한 스타일에 맞춰 소품도 비슷한 분위기로 맞추거나 아예 다른 컬러를 두어 포인트가 되도록 매치했다. 오래 사용해서 멋이 나는 스테인리스 조리 도구는 있는 그대로도 소품으로서의 역할을 톡톡히 해내고 있다.

1 식사 공간에는 오브제를 보는 듯 한 멋진 등을 두었다. 식탁과 그림, 그리고 등이 한데 어우러져 멋스러운 갤러리 분위기를 연출해 냈다. 그림이 돋보이도록 조명의 컬러를 가급적 배제한 센스가 돋보인다.
2 스틸 아일랜드에는 같은 소재의 바 스툴을 두었다. 모던한 감각이 살아나 현대적인 멋을 더한다. 오래 사용해도 멋이 나고 관리도 쉬울 뿐 아니라 자리도 많이 차지 않는 디자인이라 작은 평수의 집에서도 활용해 봄직하다.
3 감각적인 디자인의 수저통 등 평범한 듯 하면서도 멋스러운 주방 소품들이 싱크대 위를 더욱 스타일리시하게 만들어 준다. 곡선을 살린 수저통은 그녀가 좋아하는 소품 중 하나.
4 원목 블라인드를 둔 주방 창가에는 평소 좋아하는 소품을 두어 재미있는 공간으로 만들었다. 흥미로운 모양의 와인 따개와 심플한 탁상시계, 유럽풍의 그릇이 멋스럽게 조화를 이룬다.
5 쓰면 쓸수록 오래된 멋이 묻어나는 조리 도구는 여러 가지 디자인으로 모으는 편. 이 중에서는 8년 넘게 사용해 오랫동안 정이 든 아이템도 있다고. 아이들에게 물려 줄 생각으로 질이 좋은 제품으로 구입했다.

SHOPPING LIST

창가에 있는 와인 따개 // 알렉시 제품으로 9만 원대에 구입.
주방 칼 // 독일 브랜드 WMF 제품으로 외국 여행에서 구입.
식탁 의자 // 알렉시 제품으로 백화점에서 구입.
모던 디자인의 양념통 // 신세계 백화점에서 구입.

MODERN KITCHEN
전문가 어드바이스

모던 주방
시공 & 스타일링 TIP

● 도움말 박지현 실장(달앤스타일), 정해국 소장(지엔디스타일)

시공 구조 및 싱크대

평형에 따라 포인트 달리 두기

소형일 경우 모던 스타일로 연출하기 위해서는 수납이 제일 중요하다. 완벽한 수납이 가능하도록 충분한 수납공간 확보가 우선이다. 중형인 경우에는 무엇보다 실용적인 조리 공간을 제대로 만들어 주어야 하는데 대부분 ㄷ자형 싱크대가 적절하다. 대형이라면 어수선하고 동선이 길어 실용성이 떨어질 수 있으므로 싱크대를 너무 길게 설치하지 않도록 한다. 이럴 때에는 아일랜드를 적절하게 활용하는 것이 좋다.

일자형 싱크대보다 ㄱ자나 11자형 싱크대가 훨씬 실용적

모던 스타일 주방을 깔끔해 보이게 하면서 요리를 할 때 편리하려면 ㄱ자형이나 아일랜드를 싱크대 앞에 두는 11자형이 좋다. ㄱ자형은 안으로 들어간 공간에 지저분한 주방 용품이나 주방 가전을 두기에 좋고, 11자형은 아일랜드 구조로 하부에 수납장을 둘 수 있다.

시공 마감재와 바닥재

하이글로시 싱크대에는 입체감 있는 타일로 매치

모던 스타일 주방에 사용하는 싱크대 소재는 주로 하이글로시가 많다. 깨끗해 보이고 깔끔한 관리가 가능하다는 점에서 많이 애용되고 있기는 하지만 차가워 보이고 인공적인 느낌을 많이 준다. 이런 분위기를 좀 더 완화시키고 싶다면 싱크대 타일을 입체감 있는 스타일로 골라 보자. 질감이 살아 있는 내추럴한 타일로 고르며 좀 더 부드러워 보일 수 있다.

타일은 소재와 패턴, 사이즈로 변화 주기

싱크대 타일은 심플한 모노 톤 컬러로 많이 시공하게 된다. 하지만 자칫 지루해 보일 수 있어 소재나 패턴 등으로 변화를 주기도 한다. 모자이크 타일 중 밝은 컬러는 사랑스러운 분위기를 더할 수 있고, 메탈릭 소재는 화려한 느낌을 줄 수 있다. 비교적 각이 큰 석재 느낌의 타일이나 무광 타일은 고급스럽고 세련된 스타일로 연출하기에 좋다.

스타일링 컬러와 톤

작은 주방을 넓어 보이게 하려면 공간도 입체감 있게
전체적인 주방 스타일링에 입체감을 주면 좀 더 넓어 보이는 효과가 있다. 예를 들어 싱크대 컬러는 화이트나 크림 컬러 등 밝은 톤으로 설치하고 대신 타일이나 벽지는 블랙, 브라운 등의 짙은 색으로 고르는 것. 상부장을 설치할 때 천장 공간이 보이도록 사이즈를 줄이는 것도 한 방법이다. 상부장 대신 짙은 컬러의 우드 선반을 달아 주는 것도 최근에 유행하는 방법이다.

블랙, 화이트, 그레이 컬러를 기본으로
모던 스타일에는 컬러를 모노톤으로 고르는 것이 중요하다. 블랙과 화이트, 그레이 컬러를 메인으로 하고 그 외 컬러는 톤 다운된 것으로 매치시킨다. 대신 포인트가 되는 컬러를 하나 정도 두고 싶다면 레드 등의 과감한 컬러를 고르는 것도 좋다. 포인트 컬러가 있을 경우 자칫 무겁고 어두워 보일 수 있는 주방에 변화를 줄 수 있다.

스타일링 주방 가구와 소품

주방 가구의 패턴은 심플하게
대부분 패턴이 화려하게 들어가지 않는 심플한 것을 선택하는 것이 일반적이다. 하지만 최근에는 지브라 등의 과감한 패턴을 모던 스타일에서 활용하는 것을 심심찮게 볼 수 있는데, 이는 단조로운 느낌에서 벗어나 화려한 분위기를 더해 주기 위함이다. 독특한 패턴을 더하고 싶다면 주방 가구 중 한 가지 정도만 정해서 패턴을 넣어 주어야 산만해 보이지 않는다.

복잡한 소품보다는 테이블매트 등 기본적인 주방 용품에 포인트
현대적인 느낌을 주고 싶다면 가급적이면 소품을 늘어놓지 않는 것이 좋다. 색다른 변화를 위해 빈티지한 소품을 모던 스타일에 매치하는 등 과감한 스타일링도 늘어나는 추세이기는 하나, 깔끔한 스타일을 그대로 유지하고 싶다면 기본 주방 아이템에 포인트를 주자. 모노톤의 컬러이지만 색다른 디자인이거나 독특한 소재로 고르는 것만으로도 변화를 줄 수 있다.

주방 리모델링뒤, 알아 둘 것

❶ 시공 후, 주방 가구 도어가 잘 맞는 지 꼭 확인
리모델링이 끝난 후에는 설치한 주방 가구의 도어가 틈새 없이 잘 맞는 지 확인해야 한다. 열고 닫았을 때 문이 틀어지지 않는 지, 수납장 선반이 제대로 설치되었는 지 등을 꼼꼼하게 체크해 문제점을 미리 발견해야 A/S를 제대로 받을 수 있다. 특히 싱크대 하부에 연결된 관에서 물이 새는 지, 배수가 잘 되는 지 확인한다. 아파트일 경우 물이 샌다든지, 배수가 잘 안되면 다른 집에 피해를 줄 수 있으므로 미리 점검해야 한다.

❷ 시공 후 바로 문제점 체크
디자인을 중시한 개조일 경우, 생활하는데 불편함이 의외로 생길 수도 있다. 멋을 위해 단 선반이 사용하기에 불편한 위치에 설치되어 있거나, 디자인을 고려해 단 조명이 의외로 눈을 불편하게 해 사용하기 꺼려지는 경우도 있기 때문. 시공 후 바로 이런 점들을 체크해 불편하다면 바로 교체해야 한다. 보통 시공업체의 A/S기간은 1년으로 정해져 있다.

SHOP LIST

감각적인 디자이너 작품을 만날 수 있는 곳

디자인파일럿 www.designpilot.net
국내에서는 소개되지 않았던 참신한 인테리어 아이템과 신진 디자이너들의 작품을 모아 판매하는 곳. 아이디얼한 디자인과 독특한 색채는 주방뿐만 아니라 집 전체 분위기를 세련된 모던 하우스로 만들어 준다. 가구와 조명, 주방 용품, 벽 장식, 사무 용품, 패션 액세서리까지 아이템도 무궁무진하다. 오프라인 매장 02-516-5331

심플하면서도 세련된 멋이 나는 모던 소품

이스트웍스 www.eastworks.co.kr
다양한 라이프 스타일을 제안하는 인테리어 소품을 판매하는 온라인 숍. 모던하지만 색다른 감성이 느껴지는 디자인 소품을 구입할 수 있는 곳이다. 주방 벽에 스토리를 더해 줄 액자와 거울, 은은한 분위기를 만들어 줄 향초, 재미있는 디자인의 시계 등이 눈길을 끈다. 보조주방에 어울릴 듯한 고급스런 라탄 바구니도 만날 수 있다.

모던 스타일부터 레트로, 앤티크까지

램프랜드 www.lampland.co.kr
다양한 조명을 비교적 저렴한 가격에 구입할 수 있는 온라인 숍. 모던 주방에 어울리는 포인트 조명이 다양하게 구비되어 있다. 특히 세련된 분위기를 전해 주는 감각적인 디자인의 조명이 많아서 흔하지 않은 스타일을 찾는 이들에게 즐거움을 준다. 세일 상품이나 이벤트 상품이 자주 소개되고 있으므로 경제적으로도 굿.

일본풍의 내추럴 모던 스타일을 원한다면

오케이데코 www.okdeco.com
일본 수입 인테리어 소품을 판매하는 온라인 숍으로 내추럴 모던 스타일에 어울리는 아이템이 다양하다. 심플하면서도 세련된 멋을 더하는 일본풍 내추럴 스타일을 보여 주는 각종 주방 용품이 특히 인기다. 아이들을 위한 다양한 키즈 주방 용품도 함께 구입할 수 있어 주부들에게는 더욱 유익한 곳일 듯하다.

유니크한 인테리어 소품이 가득

르스타일 www.lestyle.co.kr
디자이너만의 독특함이 느껴지는 인테리어 소품을 모아 놓은 편집매장. 유명 인테리어 브랜드와 빈티지 아이템 등 다양한 소품이 한 곳에 모여 있어 쇼핑의 즐거움을 전해 주는 곳이기도 하다. 젊은 감각을 느낄 수 있는 화려한 컬러감의 주방 소품들도 만나볼 수 있다. 인테리어 스타일링 문의도 할 수 있고, 다양한 인테리어 스타일링 예도 볼 수 있다.

팝아트풍의 디자이너 감성이 가득한

프렌치불 www.frenchbull.co.kr
팝아트 스타일이 특징인 디자이너 재키 샤피로의 리빙 브랜드. 컬러풀한 색감과 독특한 패턴은 보는 이로 하여금 저절로 감탄이 나오게 한다. 멜라닌 소재의 그릇들은 사용하기 편리하면서도 감각적인 컬러로 식탁을 더욱 풍성하게 만들어 준다. 멜라닌 외에도 도자기, 화려한 패턴을 자랑하는 주방 패브릭도 찾아볼 수 있다.

재치 있는 감각의 모던 가구

비트라
감각적인 스타일의 가구와 인테리어 소품을 디자인하는 브랜드 비트라. 찰스 & 레이 임스, 조지넬슨, 필립 스탁 등의 유명한 디자이너의 작품들을 직접 구입할 수 있을 뿐 아니라 감상할 수 있는 기회도 만날 수 있다. 색다른 모던 스타일 주방 가구나 소품으로 데커레이션하고 싶다면 들러볼 것. 청담동 매장 02-545-0036

이국적인 오리엔탈 소품으로 유니크하게

아시안 데코 www.asiandeco.co.kr
나비를 모티브로 한 오리엔탈 가구로 유명한 아시안 데코. 최근에는 유럽 스타일에 오리엔탈을 접목한 독특한 앤티크 스타일로 각광받고 있다. 이곳에서는 색다른 느낌의 오리엔탈 소품을 많이 만날 수 있는데 블랙 톤의 모던 주방에 매치하면 세련된 느낌을 더할 수 있다. 오프라인 매장과 온라인 매장을 동시에 운영하고 있다.

다양한 수입 가구와 소품, 주방 용품을 한 곳에서

SEDEC www.sedec.kr
고급스러운 수입가구와 다양한 스타일의 소품, 주방 용품, 그리고 바닥재 등 다양한 리빙 아이템을 판매하는 인테리어 숍이다. 디자이너의 감각이 느껴지는 독특한 디자인의 조명과 가구, 거울 등은 럭셔리하면서도 이국적인 분위기를 연출해 준다. 색다른 아이템이 가득한 매장을 구경하는 것만으로도 흥미롭다. 현재 서울과 분당, 대구, 부산점이 있다. 서울 신사점 02-549-6701

아기자기한 주방 용품을 판매하는 곳

아임홈 www.iamhome.co.kr
모던 스타일의 인테리어 소품은 물론, 북유럽, 빈티지 등 다양한 아이템이 가득하다. 아기자기한 디자인 아이템은 모던한 주방에 재미있는 요소를 더해 줄 듯 하다. 감각적인 플립 시계나 빈티지 저울, 내추럴한 주방 소품은 모던 스타일의 딱딱하고 차가운 느낌을 완화시켜 주기에 알맞은 아이템이다.

PART 5

COUNTRY
KITCHEN

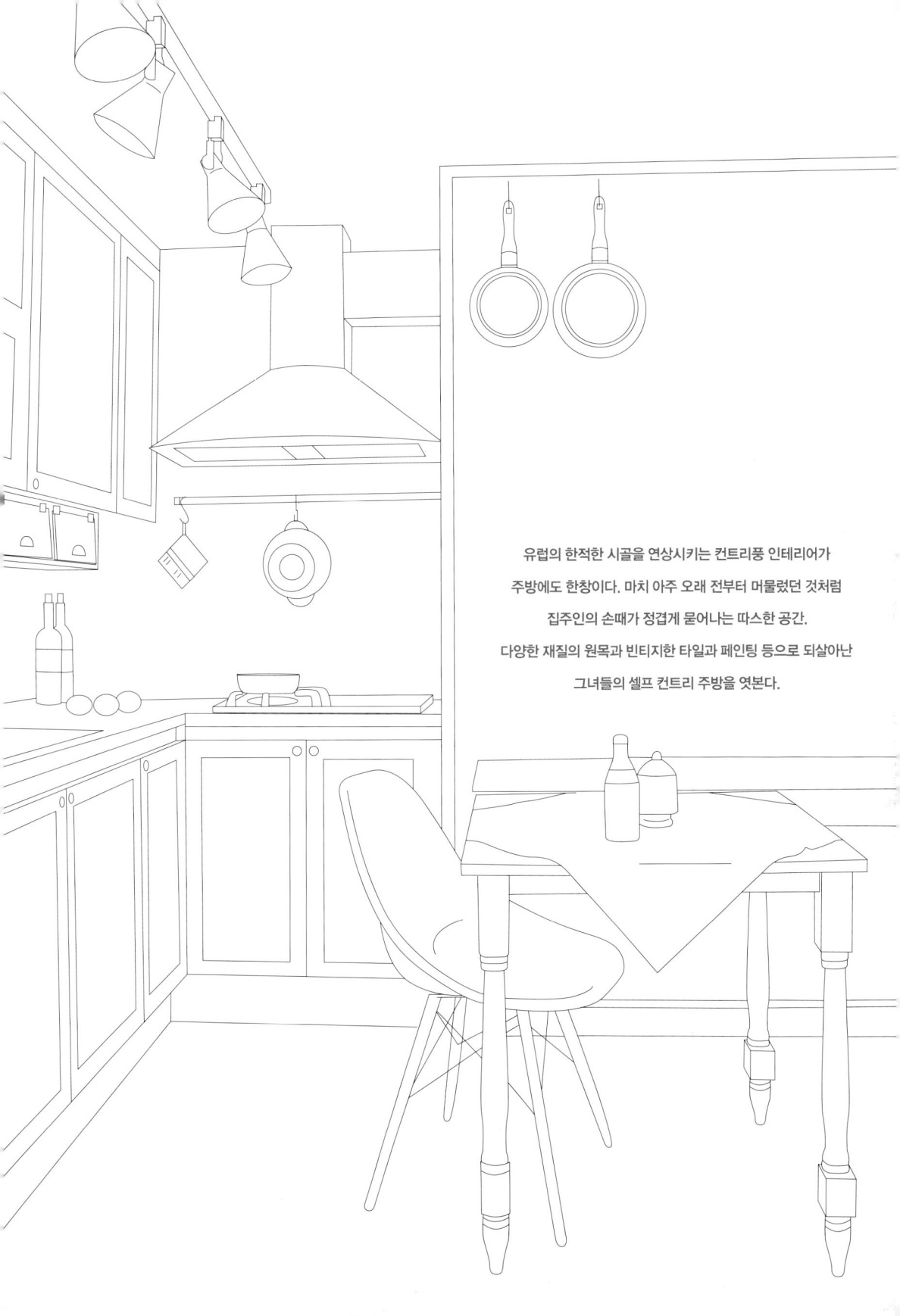

유럽의 한적한 시골을 연상시키는 컨트리풍 인테리어가
주방에도 한창이다. 마치 아주 오래 전부터 머물렀던 것처럼
집주인의 손때가 정겹게 묻어나는 따스한 공간.
다양한 재질의 원목과 빈티지한 타일과 페인팅 등으로 되살아난
그녀들의 셀프 컨트리 주방을 엿본다.

경기 안산시 단원구 선부동
아파트

49m²

주부 | 김현주

KITCHEN DATA

평형	49m² (15평)
스타일	내추럴 컨트리
톤	블루 + 화이트
주방 가구	싱크대 + 수납장
DIY 아이템	어닝 + 원목 수납장 + 원목 선반

구조변경 | 부분 시공 | DIY

DIY 소품으로 재미를 더한 내추럴 컨트리 키친

현관을 열고 들어서면 주방이 바로 보이는 작은 아파트. 좁고 칙칙했던 아파트는 솜씨 있는 주인을 만나 아늑하고 널찍한 주방이 있는 새로운 공간이 되었다. 요리를 제대로 할 수 있을 지 걱정되는 작은 싱크대에, 부족한 수납공간, 그리고 칙칙한 분위기까지 걱정거리였던 이곳은 리모델링을 거쳐 새롭게 태어났다.

상부장을 없앤 심플한 디자인의 싱크대를 설치하기로 하고, 맞은편 냉장고가 들어갈 자리에 시스템 수납장을 넣어 부족한 수납공간을 대신했다. 그리고 좀 더 개성 있는 스타일링을 위해 타일은 산뜻한 블루 컬러로 골랐다. 사실 작은 평수에서는 주방 타일까지도 화이트로 고르기 쉬운데, 그녀는 이런 식상한 스타일에서 탈피하고 컬러를 추가함으로써 집 전체 분위기까지 화사하게 만들어 주는 효과를 얻었다.

그런 다음 직접 만든 DIY 소품으로 소소한 재미를 더했다. 상부장 대신 설치한 작은 원목 수납장과 선반, 재활용품으로 리폼한 벽시계, 그리고 냉장고 메모꽂이와 로맨틱한 벽등까지…. 작은 주방을 아기자기하게 만들어 주는 소품은 거의 그녀의 손을 거치지 않은 것이 없다. "화이트 컬러 인테리어는 넓어 보이게 하는 데에는 효과가 있지만 가벼운 느낌이 있어서 소품은 살짝 무게감 있는 색감을 넣었어요. 브라운 톤의 원목 소재를 많이 사용한 이유이기도 해요." 그녀의 말처럼 DIY 소품은 원목 반제품을 구입해 조립하고 브라운 컬러의 스테인으로 페인팅한 제품이 많다.

또 하나 눈여겨볼 만한 곳이 바로 현관이다. 주방과 연결된 공간인 만큼 통일된 스타일을 주기 위해 역시 셀프 스타일링으로 꾸몄다. 현관 벽은 직접 시공한 파벽돌로 컨트리한 분위기를 더해 주고, 어닝과 패브릭, 그리고 내추럴한 소품으로 아기자기하게 꾸몄다.

블로그 blog.naver.com/le_t   싱크대 시공 아트인테리어 cafe.naver.com/artid

그녀의 주방 베스트

부분 시공과 DIY의 매치

1
상부장 대신 설치한 반제품 미송 선반장

미송 선반장은 반제품으로 리폼사이트에서 주문해서 직접 만들었다. 재단된 목재와 필요한 각종 부속품이 들어 있어 수월하게 만들었다고. 스테인으로 페인팅 한 후, 미니 프릴 커튼과 패브릭을 덧붙여 아기자기한 맛을 더했다.

2
실용성을 강조한 냉장고 메모꽂이와 칠판

냉장고 칠판과 메모꽂이는 냉장고 안에 어떤 음식과 재료가 들어 있는 지 알기 쉽도록 메모하기 위해 만든 것. 요리 레시피를 보관해 두었다가 요리할 때 이용하거나, 메모지와 필기도구를 넣어 두어 급하게 메모할 때 유용하다.

3
화이트 싱크대에 블루 컬러 타일로 산뜻하게

현관에서 정면으로 보이는 싱크대 벽면은 상큼함을 더해 주는 블루 컬러 타일로 시공했다. 화이트 컬러와 함께 매치해 주방에 프레시함을 더한다. 시스템 싱크대를 설치해 주방의 공간도 넓어져 요리할 때의 동선도 자유로워졌다.

4
와인걸이가 있는 원목 선반

수납장 옆 벽면에 포인트를 주기 위해 반제품 원목 선반을 달았다. 선반 아래에 와인걸이를 부착했더니 더욱 실용적이다. 내추럴한 선반에 어울리는 병과 미니 바구니 등을 매치해 컨트리한 분위기로 완성했다.

5
수납 기능을 높이기 위해 설치한 시스템 수납장

냉장고와 전자레인지, 전기밥솥 등을 한꺼번에 수납하는 데에는 시스템 수납장이 제격이다. 싱크대와 같은 소재와 디자인으로 선택해 통일성을 주는 게 포인트. 수납장의 키높이를 달리해 공간이 더욱 넓어 보이게 했다.

6
주방과 현관을 동시에 밝혀 주는 로맨틱 벽등

현관 천장에 조명을 설치할 수 없어 고른 벽등은 주방과 현관을 동시에 밝혀 주는 포인트 소품이 되었다. 온라인 숍에서 조명을 구입해 직접 설치한 것. 조명에 어울리는 원목 패널을 함께 붙여 주었더니 더욱 근사해졌다.

세상에 하나밖에 없는 DIY 소품으로 색다르게

이 작은 주방을 가득 채우고 있는 소품들은 대부분 그녀가 직접 만든 것. 입지 않는 옷을 재활용해 만든 티슈꽂이와 주방장갑을 비롯해 시계, 그리고 작은 메모지까지 정성을 들였다. 자신만의 솜씨와 감각이 더해졌으니 주방이 더욱 애착이 가는 것은 당연한 일인 듯. 시간만 나면 리폼할 소품을 찾는다는 그녀의 애정이 감탄스럽기까지 하다.

1. 밋밋한 현관에 컨트리한 분위기를 주기 위해 파벽돌을 붙였다. 타일접착제를 바르지 않고 글루건을 이용해 붙였더니 훨씬 손쉽게 설치할 수 있었다고. 그런 다음 자주 쓰던 소품을 걸어 두어 멋진 공간을 완성했다.
2. 입지 않는 셔츠를 잘라 주방장갑과 티슈꽂이는 물론, 거실 실내화까지 만들었다. 남은 원단으로는 작은 앞치마까지 만들 예정이라니 알뜰한 재활용에 감탄하지 않을 수 없다.
3. 네이비 컬러로 칠한 현관문에는 어닝과 사진보드를 달았다. 행복한 가족의 모습을 담은 폴라로이드 사진을 꽂아 두어 수시로 볼 수 있게 했다. 역시 자투리 나무를 이용해 직접 만든 솜씨가 남다르다. 어닝은 목재와 커튼지를 이용해 만든 것.
4. 양념통을 깔끔하게 수납하는 방법은 한 곳에 모아 둘 수 있는 선반이나 바구니를 이용하는 것. 그녀는 반제품 원목 선반장에 페인팅을 한 후 양념통을 올려 두었다. 사용하기 간편할 뿐만 아니라 빈티지한 멋도 난다.

SHOPPING LIST

주방 스포트 레일등 // 공간조명 www.9s.co.kr에서 4구 세트로 5만~6만 원대에 구입.
싱크대 위 벽 미송 선반장 // 손잡이닷컴 www.sonjabee.com에서 3만7천 원대에 구입.
현관문 파벽돌 // 손잡이 닷컴 www.sonjabee.com에서 1박스에 2만~3만 원대에 구입.
현관문 옆 벽등 // 공간조명 www.9s.co.kr에서 2만~3만 원대에 구입.
패브릭 원단 // 에버린넨 www.everlinen.co.kr에서 구입.

내 손으로 만드는 주방 가구 & 소품

HANDMADE IDEA-1
메모까지 적을 수 있는 자석 만년달력

준비하기
리폼할 수납박스, 병뚜껑, 철지, 라인테이프, 양면테이프, 글루건, 자석, 분필 등

만들기
❶ 리폼할 수납박스를 깨끗하게 사포질한 다음, 짙은 브라운 컬러 스테인을 바른다.
❷ 철지를 수납박스 크기에 맞춰 자르고, 연필로 달력 칸을 그린 뒤 라인테이프를 붙인다. 라인테이프를 붙일 때는 시작 부분만 먼저 붙이고 테이프를 풀어 끝선을 맞춰 중간 부분을 붙인다.
❸ 철지 뒷부분에 꼼꼼하게 양면테이프를 붙인다. 빈틈이 없을 정도로 맞춰 테이프를 붙여야 들뜨지 않는다. 윗부분부터 조심스럽게 테이프를 떼어 가면서 붙인다.
❹ 가장자리 부분은 마끈을 둘러 장식하고, 윗부분이 조금 모자랄 경우 레이스 천 등을 이용해 커버해 준다.
❺ 숫자를 붙일 병뚜껑 자석은 모아 둔 병뚜껑이 없다면 따로 리폼사이트에서 구입하면 된다. 병 뚜껑에 출력한 숫자 종이를 붙이는데, 손코팅지를 붙인 뒤 병뚜껑에 양면테이프로 붙인다.
❻ 뒷부분에 자석을 붙일 차례. 병 뚜껑 안쪽 고무패킹은 제거하고 글루건으로 자석을 붙인다.
❼ 요일 글자를 출력한 다음, 역시 손코팅지를 붙이고 철지에 고체풀을 이용해 붙인다.
❽ 달을 표시할 병뚜껑은 조금 큰 음료수병 뚜껑을 이용한다. 뚜껑 크기에 맞춰 철지를 동그랗게 오려서 양면테이프로 붙인다.
❾ 자석은 뚜껑의 깊이 때문에 자석이 보드에 붙지 않는 것을 대비, 음료수 뚜껑 뒷면에 좀 더 작은 플라스틱 뚜껑을 글루건으로 붙이고 그 위에 자석을 붙인다.
❿ 달과 날짜가 적힌 음료수 뚜껑 자석을 철지 위에 붙이고 메모를 적으면 완성.

HANDMADE IDEA-2
팬으로 벽시계 만들기

준비하기
리폼할 팬, 시계바늘, 리본, 비즈, 젯소, 페인트, 바니쉬 등

만들기
❶ 먼저 시계바늘을 고정시킬 구멍을 뚫어 놓는다. 그런 다음 팬 손잡이를 남겨 두고 젯소를 먼저 칠해서 말리고 한 번 더 젯소를 칠한다.
❷ 원하는 컬러의 페인트를 칠하고 마르고 난 후, 2번 정도 덧바른다.
❸ 페인트가 완전히 마르고 나면 바니쉬를 꼼꼼하게 바른다.
❹ 바니쉬가 깨끗하고 마르고 나면 숟가락, 포크 모양의 시계바늘을 고정시킨다.
❺ 숫자 12와, 3, 6, 9의 위치를 정하고 큰 비즈를 글루건으로 붙인다.
❻ 손잡이 부분에 리본을 달아 주면 완성.

인천 부평구 청천동 아파트

79m²

패브릭 강사 | 최정숙

구조변경 | 부분 시공 | **DIY**

KITCHEN DATA

평형	79m² (24평)
스타일	화이트 프로방스
톤	파스텔 화이트
주방 가구	싱크대 + 식탁 + 수납장
DIY 아이템	수납장 + 주방 벽 + 주방 패브릭

작지만 사랑이 가득한 컨트리 키친

답답한 아파트를 가장 아늑한 공간으로 만들기 위해 패브릭 강사 최정숙 씨는 매일 분주하다. 그중 주방은 그녀가 가장 공들인 공간. 패널을 덧붙인 주방 벽은 물론, 수납함, 어닝, 그리고 각종 주방 소품과 패브릭으로 아기자기하게 꾸미다 보면 시간이 늘 부족할 정도란다.

"간단히 벽지와 장판 시공만 하고 이사를 왔어요. 다 뜯어고치고 싶었지만 그럴 순 없었기 때문에 하나하나 내손으로 직접 바꾸기로 했죠. 식탁보 제작부터 시작해 지금의 컨트리 프로방스풍의 스타일로 완성하기까지 꽤 오랜 시간이 걸렸네요."

그녀는 솜씨 좋은 패브릭 디자이너였다. 그래서 주방도 패브릭으로 분위기를 바꿔보기로 결심하고 처음에는 보조주방 문 커튼과 식탁보부터 만들기 시작했다. 그러면서 포인트 벽지로 산만했던 벽을 바꾸기로 결심, 페인팅과 패널로 리폼에 도전하고 점점 리폼 아이템을 늘여 가면서 멋진 주방으로 변신했다.

이렇게 시작한 집 꾸미기는 블로그 활동으로 이어졌고, 블로그를 보고 패브릭 문의를 해오는 이들이 늘기 시작하면서 패브릭 강사로, 인테리어 스타일리스트로 활동하기에 이르렀다. 하지만 그 어떤 일보다 직접 만든 예쁜 식탁보 위에 가족들을 위해 테이블 세팅을 할 때가 가장 행복하다고. 그래서인지 그녀가 만든 주방 패브릭은 화려하지는 않지만 포근함과 따스함이 묻어 있다. 주방 수납도 패브릭을 이용해 많이 하는 편. 파우치를 만들어 주방 소품을 넣어 두고, 컵받침이나 각종 덮개, 핸드타월도 직접 만들어 쓴다. 홈페이지 www.jinashome.com

그녀의 주방 베스트

패브릭 스타일링 & DIY

1
쉐비풍 플라워 프린트 원단으로 만든 식탁보로 로맨틱하게
내추럴하지만 사랑스러운 느낌을 주기 위해 식탁보와 의자 커버는 로맨틱한 분위기로 만들었다. 식탁보는 쉐비풍의 원단을 식탁 크기에 맞게 재단한 후 미싱으로 박아 준 것. 오래된 식탁 의자는 화이트 페인트로 칠해 준 다음, 프릴이 있는 커버를 씌워 주었더니 새것처럼 깔끔해졌다.

2
간단한 패브릭으로 만든 주방 커튼과 어닝
오래된 아파트인 만큼 낡은 보조주방 새시문도 인테리어 완성도를 떨어뜨리는 것 중 하나였다. 새시문을 교체할 수 없었기 때문에 화사한 커튼으로 변신을 꾀했다. 크기에 맞게 주문한 원단을 걸고 그 위에 역시 원단으로 직접 만든 어닝을 달아 분위기를 바꿨다.

3
욕실과 아이방 문은 패브릭 커튼으로 공간 분리

좁은 평수이기 때문에 주방에서 욕실과 아이방 문이 정면으로 보인다. 공간이 분리되어 있지 않고 산만한 느낌을 줄 수 있어 패브릭 커튼을 달기로 했다. 직접 만든 화이트 레이스 커튼과 플라워 프린트 커튼에 압축봉을 달아 문에 고정시켰다.

4
패널로 덧댄 주방 벽과 자투리 나무로 만든 수납걸이

싱크대 맞은편 벽은 화이트 페인트로 칠하고 패널로 컨트리한 분위기를 냈다. 패널은 벽 사이즈에 맞춰 주문한 후 타카와 목공본드를 이용해 벽에 붙이고 화이트 페인트로 마무리했다. 수납걸이는 자투리 나무를 잘라서 화이트 페인트를 칠하고 못을 고정시켜 주었다.

수납 케이스와 패브릭을 이용한 실용만점 수납법

좁은 주방이라 수납 효과를 높인 실용적인 수납법이 필요했다. 싱크대 맞은편에 둔 수납장과 전자레인지 대에 부피가 큰 주방 용품을 모두 수납할 수 있도록 했고, 수납장 안에는 바구니와 정리함을 이용해 쉽게 꺼내 쓸 수 있도록 했다. 정숙 씨의 DIY 아이디어는 이 부분에서도 빛을 발휘했다. 오래된 전자레인지대와 수납장은 화이트 페인트와 바니쉬 만으로 깔끔하게 변신했고 레이스와 손뜨개 패브릭으로 로맨틱함을 더했다. 패브릭 디자이너답게 주방 소품도 패브릭 케이스에 주로 보관하는데, 자주 쓰지 않는 조리 도구나 티스푼, 포크 등은 쉽게 꺼내 쓰기 좋고 먼지가 잘 묻지 않아 실용적이라고. "주방 소품은 위생적이어야 하기 때문에 먼지가 묻지 않도록 신경을 많이 쓰는 편이예요. 그래서 패브릭을 많이 이용해요. 식기 건조대 위나 티 케이스, 양념 통 위에도 패브릭을 덧대 두면 훨씬 위생적이랍니다."

1 내추럴하면서도 빈티지한 미니 철망장은 인테리어 효과를 위해서 고른 소품. 의외로 수납 효과가 높아 만족하는 아이템이다. 티매트나 테이블매트를 넣어 두기에 안성맞춤. 주방 패브릭 보관에 많이 이용한다.
2 보관하기 까다로운 약이나 티스푼 등 사이즈가 작은 주방 소품은 패브릭 케이스에 수납한다. 간단한 재봉질로 쉽게 만들 수 있어 주방 소품용 패브릭 케이스를 자주 만드는 편이다.
3 인테리어 효과도 살리면서 수납도 효과적인 빈티지 마 바구니. 평소에는 라면이나 국수 등을 보관하거나 각종 생활 용품을 넣어 둔다. 있는 그대로도 멋스러워 수납장 위에 올려 두거나 보조주방 입구에 두는 편.
4 식탁에서 자주 쓰는 패브릭을 둘 데가 마땅치 않아서 고른 걸이용 수납함. 식탁 의자에 걸어 두고 사용하니 편리하다고. 걸이용이라 식탁 의자 뿐 아니라 싱크대 손잡이나 행주걸이에 걸어 두기도 실용적이다.

HANDMADE IDEA
프로방스풍 옥스포드 어닝

준비하기
원단, 재봉틀, 압축봉

만들기
❶ 먼저 어닝 아랫단을 만드는데, 필요한 길이의 원단 2장을 겉과 겉이 마주보도록 준비한다. 어닝 아래 부분을 원하는 모양대로 둥글게 그린다.
❷ 그린 모양대로 잘라 재봉틀로 박고, 뒤집어 끝부분을 다시 눌러박기한다.
❸ 어닝 윗단은 양 옆으로 3cm 정도 들어간 부분에서 박아 주고 위쪽 봉 들어갈 부분을 만든다. 이때 위에서 아래로 6cm 정도 내려와 다시 2cm 정도를 접어 준 다음 박는다.
❹ 윗단 겉과 아랫단을 마주보게 한 다음 끝부분을 박음질 하고 오버로크 처리를 한다.
❺ 그런 다음 가운데 봉이 들어갈 자리를 만드는데 윗부분을 아래쪽으로 4cm 정도 접어서 오버로크 처리된 시접 부분에 박음질한다.
❻ 압축봉을 넣어 달아 주면 된다. 이때 중간 봉은 천장에 어닝 폭대로 나사를 박고 낚시줄을 중간 봉에 걸어서 나사에 묶는다.

SHOPPING LIST

식탁 등 // 비비나라이팅 www.vivina-lighting.com에서 4만 원대에 구입.
미니 철망장 // 데이지하우스 www.e-daisyhouse.co.kr에서 3만 원대에 구입.
빈티지 마 바구니 // 미스달 스튜디오 www.missdal.com에서 1만 원대에 구입.
벽 장식 왕골 백 // 남대문시장에서 8천 원대에 구입.
플라워 찻잔 // 모던하우스에서 1만 원 미만에 구입.

경기 용인시 처인구 이동면 아파트

82m²

주부 | 이지영

KITCHEN DATA

평형	82m² (25평)
스타일	내추럴 컨트리
톤	우드 + 화이트
주방 가구	싱크대 + 수납장 + 식탁
DIY 아이템	싱크대 + 원목 선반장 + 원목 테이블

구조변경 | 부분 시공 | **DIY**

내 손으로 꾸민 프로방스풍 내추럴 키친

작은 평수의 아파트가 그렇듯 주방을 멋들어지게 꾸미기란 쉽지 않다. 늘어나는 살림살이를 겉으로 드러내지 않고 수납하는 것도 만만치 않고, 작은 공간에 식탁까지 두어야 하니 말이다. 게다가 오래된 싱크대라면 돈을 들여 전체적으로 바꾸지 않는 이상 단번에 변화를 주기 어렵다. 주부 이지영 씨의 주방도 그랬다.

처음 이사 왔을 때만 해도 20년이 다 되도록 한 번도 수리를 한 적 없는 낡고 좁은 공간인 데다 싱크대 문짝은 거의 떨어져 나가 제대로 닫히지도 않았다. 많은 살림살이를 둘 수납공간 또한 턱없이 부족한 상태였다. 그래서 시공업체를 불러 싱크대를 교체했는데 시공 후의 모습이 너무나 실망스러웠다. 상부장이 꽉 찬 싱크대는 좁은 주방을 더 답답해 보이게 했고, 아일랜드는 너무 길어서 자리만 많이 차지할 뿐 전혀 실용적이지 못했다.

몇 년이 지난 후, 마음에 들지 않는 주방을 그대로 둘 수 없어 과감하게 셀프 인테리어에 도전하기로 했다. 자신의 주방인 만큼 본인이 원하는 스타일을 제대로 표현할 수 있을 거라는 확신에서였다. 먼저 이사 올 때부터 설치하고 싶었던 노출형 후드를 설치하고, 싱크대를 리폼했다. 이렇게 시작한 셀프 인테리어는 주방 벽을 바꾸고, 냉장고 가벽과 원목 테이블을 만들면서 점점 범위가 넓어졌다. 그리고 마침내 지금의 모습에 이르렀다. "거실과 원룸형 구조라 주방이 마음에 거슬렸는데 셀프 인테리어로 바꾸고 나서는 주방이 집의 메인 공간이 된 것 같아 좋아요."

그녀는 요즘도 조금씩 리폼을 하면서 주방을 점점 새로운 스타일로 만들어 가고 있는 중이다. 자신이 원하는 스타일로 얼마든지 변신이 가능한 것, 이것이 셀프 인테리어의 매력이 아닐까. 블로그 ppirooya.blog.me

그녀의 주방 베스트

반제품 가구와 소품으로 꾸미기

1
재활용 식탁과 반제품 원목 테이블

식탁은 원래 재활용장에서 찾은 원목 밥상을 가져와 리폼한 것. 처음에는 원목 상판에 다리만 바꿔서 밥상으로 사용했는데 아이가 식탁이 있었으면 해서 식탁으로 다시 만들어 준 것. 식탁 다리만 리폼사이트에서 구매해 달아 주고 페인팅을 해주었다. 원목 테이블도 반제품을 사서 페인팅만 직접 한 것.

2
페인팅만으로 달라진 싱크대와 노출형 가스레인지 후드

가스레인지 후드를 교체하고 난후, 마음에 들지 않았던 싱크대에도 새로운 옷을 입혔다. 먼저 싱크대 문에 MDF 합판을 붙인 다음, 상부장은 '던에드워드' 위스퍼 컬러, 하부장은 '벤자민무어'의 키친앤바스 N322 1B컬러를 발랐다. 그리고 손잡이는 원목 손잡이로 교체.

3
우드락을 이용한
파벽돌 느낌 벽 만들기

원목 테이블이 있는 벽은 원래 파벽돌을 붙일 생각이었다. 하지만 비용이 부담스러웠고, 어울릴지 염려되어 우드락을 이용해 파벽돌의 느낌을 내보기로 했다. 우드락을 벽돌 모양으로 잘라 벽에 붙인 다음 핸디코트를 바르고, 마지막으로 화이트 페인트를 칠해준 것.

4
냉장고 옆면을 커버하는
가벽 세우기

거실 소파에 앉으면 냉장고 옆면이 그대로 보여 가벽을 세우기로 했다. 처음엔 수납형 선반이 있는 가벽을 설치했으나 6년 정도 사용하고 나니 지겨워졌다. 그래서 원목 루바 패널을 이용해 심플한 가벽으로 변신시키고 선반을 달아 주었다. 곧 선반을 없애고 심플한 액자만 걸어 둘 계획이다.

5
패널을 덧댄 벽으로
컨트리하게

기존의 벽에 패널을 붙여 주고 화이트 컬러 페인트로 칠했더니 내추럴하면서도 컨트리한 분위기로 변신했다. 나무가 가진 자연스럽고도 편안한 멋이 집 전체를 화사하고 부드럽게 만든다.

p.233

가스레인지 후드 아래에 같은 소재의 스테인리스 봉을 달았다. 이후 다양한 조리 도구를 걸어 두었더니 실용적인 공간이 되었다. 비교적 널찍해서 고리를 추가해서 달아 주면 훨씬 많은 아이템을 걸어 둘 수 있다.

좁은 공간을 쓸모 있게 이용한 똑똑 수납

수납 가구를 많이 들이지 못하기 때문에 기존에 있는 주방 가구를 적극적으로 활용했다. 싱크대 상부장 아래에 미니 수납장을 달고, 싱크대 문 안쪽에 고리를 걸어 수납하거나, 가스레인지 후드 아래에 스테인리스 봉을 달아 조리 도구를 걸어 두는 식으로 아이디어를 냈다. 여기에 냉장고 위 빈 공간이나 원목 테이블 아래 선반에 수납하는 등 작은 공간도 그냥 지나치지 않고 이용했다.

1 원목 테이블 아래에는 선반이 있어 자질구레한 주방 용품을 수납한 뒤 패브릭으로 커버했다. 패브릭을 테이블 길이에 맞춰 자른 후 박음질로 마무리하고 안쪽에서 고정시켜 달아 주었더니 깔끔해졌다.
2 냉장고 위 빈 공간이야말로 큰 사이즈의 물건들을 수납하기에 아주 좋다. 그대로 드러나면 보기에 좋지 않아 패브릭으로 살짝 가려 주었다. 피스를 이용해 후사고리를 천장에 달아 주고 패브릭을 커튼 봉에 끼워 주기만 하면 된다.
3 미니 사이즈의 수납장은 상부장 아래 공간을 이용하면 넓은 공간 없이도 설치하기 쉽다. 반제품으로 된 원목 수납장에 스테인을 바르고 스텐실로 와인박스 분위기를 만들어 주었다.
4 싱크대 문 안쪽에 고리를 달아 주었더니 간단한 주방 용품을 수납하기에 알맞은 공간이 되었다. 작은 평수의 주방이라면 이렇게 기존에 있는 주방 가구를 잘 이용해 수납을 하는 것이 좋다.

1

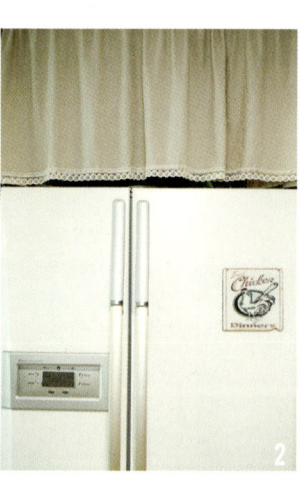
2

3

4

1 2 3

실용성까지 따진 소품 매치로 아이디얼하게

작은 공간인 만큼 소품을 늘어놓으면 지저분해 보이기 쉽다. 주방 용품을 넣어두는 수납 아이템을 소품으로 활용하거나, 팬이나 그릇 중 디자인이 예쁜 것들을 장식해 두면 훨씬 실용적으로 꾸밀 수 있다. 주방을 분위기 있게 만들어 주는 조명을 적극 이용하는 것도 좋은 방법.

1 벽을 따라 이어진 가스 배관을 페인트로 칠한 다음, 고리를 달아 컬러풀한 팬을 달아 주었다. 시선이 주방 용품으로 향해 가스 배관을 커버해 준다.
2 크기가 다른 밀폐 유리병에 곡류를 넣어서 원목 테이블 위에 놓았더니 내추럴한 소품으로 변신했다. 작은 밀폐 유리병에 솔방울을 넣어 둔 센스도 남다르다. 다양한 유리병은 수납하기에도 좋고 데커레이션 아이템으로도 활용하기에 좋다.
3 '다이소'에서 구입한 작은 도마와 철망을 연결하고, 도마에 스텐실로 장식해 주었더니 멋진 수세미 보관대가 되었다. 내추럴하면서도 감각적인 스타일이라 주방을 한층 부드럽게 만들어 준다. 작은 아이디어 하나로 멋진 소품을 만든 셈이다.

SHOPPING LIST

원목 테이블 위 밀폐 유리병 // 이케아(IKEA) 제품으로 작은 사이즈는 1만 원 미만, 큰 사이즈는 1만 원대에 구입.
스포트라이트 레일등 // 샛별조명 www.nslighting.co.kr에서 4만 원대에 구입.
식탁 의자 // 쇼핑몰 G마켓에서 2만 원대에 구입.
리폼한 식탁 다리 // 문고리닷컴 www.moongori.com에서 구입.
원목 테이블 // 나무이야기 www.namuiyagi.com에서 11만 원대에 구입.

경기 안산시 단원구 고잔동
아파트

82m²

공부방 교사 | 김지영

구조변경 부분 시공 DIY

KITCHEN DATA

평형	82m² (25평)
스타일	내추럴 컨트리
톤	우드
주방 가구	싱크대 + 수납장 + 아일랜드
DIY 아이템	싱크대 + 원목 선반장 + 수납장 + 선반 + 아일랜드 등

숲의 향기가 느껴지는
에코 컨트리 스타일

나무향이 코를 즐겁게 하고 머리가 맑아지는 듯한 이곳은 김지영 씨의 주방이다. 주방에서 음식 냄새보다 나무향이 더 많이 나니 주방이지만 마치 머리를 식히는 휴식의 공간도 되는 듯하다. 주방을 온통 나무로 리폼한 것은 자연과 하나 되는 주방으로 만들고 싶었기 때문. 비록 도심의 아파트이지만 숲 속에 온 듯한 기분을 느끼고, 주방에 있는 시간이 저절로 즐거워졌음 하는 바람에서였다. 덕분에 이 작은 공간은 그녀의 집에서 가장 큰 자랑거리가 되었다.

주방 가구나 소품 중에는 반제품이 거의 없다. 필요한 아이템이 있을 때마다 직접 디자인해서 만들었다. "흔하게 볼 수 있는 반제품보다는 저만의 감각이 들어간 세상에서 하나밖에 없는 아이템을 가지고 싶었어요. 요즘은 쉽게 만들 수 있는 반제품을 많이 판매하니 주방 스타일이 거의 비슷해지는 것 같았거든요."

주방 가구를 리폼하거나 새로 만들 때에는 주방 사이즈에 맞게 사이즈를 재고, 주방 스타일에 맞는 디자인을 몇날 며칠 고심해서 그린다. 그리고 나서 필요한 재료를 꼼꼼하게 주문하고 까다로운 작업 과정을 거쳐 완성한다. 이렇다 보니 가구 하나를 만드는 데에도 많은 시간과 정성을 들여야 하고 실패를 할 때도 많았다. "보조주방 문을 리폼할 때는 정말 쉽지 않았어요. 분명 사이즈를 정확히 재서 문틀을 만들었는데도 잘 맞지 않아 몇 번씩 바꿔야 했지요." 이렇게 몇 번의 실패 끝에 만들어낸 가구들도 있지만 완성하고 나면 오히려 더 큰 희열이 느껴진다고.

그녀가 리폼을 사랑하게 된 것에는 경제적인 이유도 있었다. 이사 오고 11년 동안 사용한 체리 컬러 싱크대를 바꾸기 위해 여러 업체에 견적을 내보았지만 비용이 만만치 않았다. 비싼 비용에 비해 디자인도 만족스러운 것이 없어 직접 리폼에 도전, 이제는 작은 소품 하나도 직접 만들어 사용한다니 그녀의 알뜰함이 어느 정도인지 짐작할 만하다. **블로그** blog.naver.com/jenee00

그녀의 주방 베스트

완성도를 높이는 셀프 인테리어

1
**다른 공간과 이어지는 부분은
연결성을 고려해 디자인**

냉장고 바로 옆이 욕실과 연결되는 공간이다. 욕실문을 목재로 리폼해 주었기 때문에 냉장고 옆에도 목재를 덧대 작은 가벽의 느낌을 주었다. 서로 다른 공간이지만 연결성을 두어 어색하지 않고 잘 어울린다.

2
**물을 많이 사용하는 싱크대는
꼼꼼한 마감처리가 필수**

원목 상판을 만들 때에는 반드시 완벽한 마감처리가 동반되어야 한다. 물을 많이 사용하는 만큼 물에 강하도록 바니쉬를 여러 번 덧바르고 개수대와의 연결부분은 실리콘 처리를 꼼꼼하게 해준다.

3, 4, 5

3
싱크대와 선반, 수납장 등 아이템에 따라 다른 목재 사용

셀프 인테리어에 있어 용도에 맞는 목재 선택은 기본이다. 그래야 오랫동안 사용했을 때 목재가 뒤틀리거나 줄어드는 현상을 막을 수 있다. 물을 많이 사용하는 상판은 물에 강한 집성목을, 벽에 단 선반이나 수납장은 원목을 주로 사용했다.

4
공간에 맞는 주방 가구 디자인하기

상부장을 새로 달 때 가스레인지가 있는 쪽은 사이즈가 작아서 괜찮았지만, 싱크대 쪽은 길이가 길어서 답답한 느낌이 강했다. 그래서 사이즈를 줄이고 그 옆으로 오픈 선반을 달아 주었다. 이처럼 공간에 맞춰 가구를 디자인해야 완성도가 높아진다.

5
주방 외풍을 막기 위한 덧창은 인테리어 효과까지 고려

밖과 바로 연결되는 주방 창은 외풍이 많이 들어와 주방이 항상 추웠다. 그래서 덧창을 달기로 해서 목재를 이용한 목문을 달아 주었다. 전체적으로 목문을 하게 되면 방한 효과는 더 좋아지겠지만 답답한 느낌을 줄 수 있을 것 같아 아크릴 판을 이용해 투명해 보이도록 했다.

자투리 공간까지 이용하는 깔끔 수납

주방 살림이 많은데 작은 주방이라 수납공간이 턱없이 부족했다. 그래서 공간을 적극 활용하는 수납장을 만들고, 자투리 공간까지도 수납할 수 있도록 아이디어를 냈다. 천장과 연결된 벽, 싱크대 아래 걸레받이까지도 수납공간으로 만든 아이디어가 돋보인다. 그리고 주방 용품은 재활용 아이템을 리폼해 수납하기도 한다.

1. 주방 쪽에서 보이는 냉장고 옆면에 가벽의 역할도 하면서 수납도 할 수 있는 수납장을 만들어 달았다. 답답해 보이지 않도록 반투명 아크릴 문을 달아 주고 아래에는 아일랜드 식탁 의자를 수납할 수 있는 공간을 만들었다.
2. 주방에서 많이 사용하는 고무장갑은 사실 미관상 좋지 않은 경우가 많다. 그래서 전용 보관함을 만들어 넣어 주었더니 싱크대가 깔끔해지고 한결 정돈된 느낌을 줄 수 있었다.
3. 수납장 문 하나도 그냥 지나치지 않고 수납공간으로 활용했다. 쓰고 남은 페트병을 잘라 수납장 안쪽에 달아 주고 아이스크림 스푼 등의 용품을 넣어 두면 주방이 깔끔해진다.
4. 그녀의 수납 아이디어는 정말 무궁무진하다. 싱크대 아래쪽 걸레받이 부분도 그냥 지나치지 않았다. 이곳에 서랍을 만들어 주었더니 자투리 공간이 멋진 수납공간으로 변신한 것. 아래에 바퀴를 달아 꺼내기에도 쉽게 만들었다.

HANDMADE IDEA
프로방스풍의 원목 덧창

준비하기
삼나무 목재, 패널, 도기 손잡이, 경첩 등

만들기
❶ 창틀에 삼나무 목재로 사방을 둘러 붙인다.
❷ 같은 소재로 창틀을 만들고 아크릴 판을 붙인다. 그녀가 사용한 목재 사이즈는 12T.
❸ 4.8T 사이즈의 패널을 창틀에 십자 모양으로 붙여서 격자 창 느낌을 낸다.
❹ 같은 방법으로 격자창 3개를 더 만든 다음 2개씩 이어 준다. 만들어진 격자창은 나무 창틀에 드릴과 목공본드를 이용해 붙이고 경첩을 단다.
❺ 전체적으로 우드 스테인을 바르고 바니쉬로 마무리한다. 레트로풍의 도기 손잡이를 달면 완성.

스포트라이트 레일조명은 흔히 싱크대를 비추기 위해 많이 선택한다. 깔끔한 화이트 컬러가 주방 인테리어의 균형을 흐트러뜨리지 않는다.

복잡해 보이지 않기 위해 소품은 최소화

다양한 가구들로 꾸며진 공간이라 소품도 같은 소재의 것들로 직접 만든 게 대부분이다. 그리고 그것조차 많이 드러내 놓지 않았다. 워낙 가구가 꽉 차 있기 때문에 깔끔해 보이고 넓어보이게 하려고 한 의도다. 예쁜 소품이라도 절제하는 것이 때로는 더 멋스럽다는 것을 그녀의 주방에서 보여 주는 듯하다.

1 싱크대 위 선반장에 미니 사이즈의 나무 소품을 올려놓았다. 목재의 느낌과 연결되어 더욱 자연스러워 보인다. 소품을 거의 두지 않는 그녀의 주방에 작은 포인트가 된다.
2 직접 핸디코트와 페인트로 리폼한 천장에 심플한 레일 조명과 팬던트 조명을 달았다. 스포트라이트 레일 조명은 주방 곳곳을 비추어 줄 수 있어 더욱 환해지는 효과가 있다.
3 싱크대 손잡이와 덧창 손잡이 등은 레트로풍의 블루 패턴이 돋보이는 도기 손잡이로 마무리했다. 여성스러운 느낌을 더해 줄 수도 있고 살짝 로맨틱한 분위기도 연출할 수 있어 굿. 목재가 많은 주방에 변화를 줄 수 있는 아이템이기도 하다.

SHOPPING LIST

리폼 목재 // 미즈우드 www.mizwood.com에서 대부분 구입.
페인트와 철물, 소품 // 문고리닷컴 www.moongori.com에서 대부분 구입.

| 구조변경 | 부분 시공 | **DIY** |

인천 연수구 동춘동 아파트
105m²

인테리어 블로거 | 이은숙

KITCHEN DATA
평형	105m² (32평)
스타일	프로방스 컨트리
톤	라이트 블루 + 화이트
주방 가구	싱크대 + 식탁 + 수납장
DIY 아이템	싱크대 + 식탁 + 수납장

리폼으로 완성한 프로방스풍 키친

결혼 10년 만에 내 집 장만을 하고 집 꾸밈에 들어간 지 벌써 6년. 처음에는 작은 것부터 시작했던 리폼이 이제는 집 전체로 이어져 집 안 곳곳 리폼 아이디어로 넘쳐난다. 인테리어 블로거로 유명한 이은숙 씨의 멋진 프로방스 컨트리 주방은 이렇게 6년의 시간이 흘러 지금의 모습을 갖추게 되었다.

그녀의 인테리어는 화려하지는 않지만 편안하면서도 감각적이다. 리폼 아이디어가 '내 집에서 꼭 필요한 부분을 어떻게 고칠까' 하는 생각에서 비롯되었기 때문이 아닐까. 그녀 역시 가족이 밥을 먹는 공간인 만큼 주방이 밝은 공간이기를 원했다. 칙칙했던 월넛 싱크대를 프로방스풍으로 바꾸었고, 수납이 가능한 식탁이었음 좋겠다는 생각에 지금의 식탁형 아일랜드를 만들게 되었다.

처음에는 리포머로 변신한 그녀의 모습에 아이들과 남편도 별 대수롭지 않게 생각하더니 지금은 든든한 지원자로 바뀌었다. 리포머로서 가족들을 위해 집안 곳곳을 새롭게 꾸미고 다듬을 때가 제일 행복하다는 그녀를 보면서 앞으로 이 작은 주방이 또 어떻게 변할지 사뭇 기다려진다.

블로그 blog.naver.com/hamami10

그녀의 주방 베스트

프로방스풍 리폼 아이디어

1
조각 칼로 패널 느낌을 표현한 프로방스풍 싱크대

주방에서 가장 처음 리폼한 가구는 바로 싱크대. 월넛 컬러의 칙칙한 싱크대를 산뜻하게 바꾸고 싶어 서툰 솜씨로 도전했었다. 싱크대 상부장을 떼어내고 대신 선반을 달았으며, 싱크대 문은 조각 칼로 직접 파서 패널 느낌으로 표현해 주고 라이트 블루 컬러의 페인트를 직접 칠했다.

2
패널로 만든 냉장고 가벽, 수납공간이 되다

주방에 들어서면 보이는 냉장고 옆면이 보기 흉한 것 같아 패널로 이용해 가벽을 만들었다. 가벽에 선반을 따로 만들어 달아 주었더니 예쁜 소품을 올려 두기에도 좋고, 즐겨 보는 인테리어 책이나 잡지를 넣어 두기에도 안성맞춤이다. 직접 한 것이라 더욱 애착이 간다고.

3
칙칙한 주방 가전 빈티지 아이템으로 재탄생하다

와인 컬러 냉장고는 화이트에 옐로 컬러 페인트를 넣어 만든 아이보리 컬러 페인트로 칠을 한 다음, 패브릭으로 덧대 주었다. 김치냉장고는 미송 패널을 이용해 양 옆과 윗부분까지 가리개를 만들어 주었다. 이렇게 하니 새로 가전제품을 사지 않아도 바뀐 인테리어에 잘 어울려 경제적이라고.

4
대리석 식탁 대신
원목 아일랜드형 식탁 만들기

기존에 있던 대리석 식탁은 그녀의 프로방스풍 주방에서 가장 거슬리는 주방 가구 중 하나였다. 완벽한 인테리어 콘셉트를 통일시켜 주기 위해 과감하게 아일랜드형 식탁 만들기에 도전했다. 가구 디자인부터 조립, 타일 붙이기, 페인팅까지 모두 직접 만들었다.

5
사생활을 보호해 주는
주방 덧창

아파트인 탓에 주방 창을 열면 바로 앞 동이 보여 여간 신경이 쓰이는 게 아니었다. 그래서 만든 덧창은 사생활을 보호해 주면서도 겨울에는 바람을 막아 주어 주방이 더욱 아늑해졌다. 창 바깥쪽은 패브릭을 이용한 밸런스 커튼을 설치했다.

1 직접 만든 아일랜드는 여러 가지로 활용도가 높다. 식탁 아래에는 문을 만들어 수납공간을 두었고, 식탁 옆에는 걸이를 만들어 주방 타월을 걸어 두었다.
2 주방과 욕실로 이어지는 벽에는 패널을 덧붙이고, 그 아래에 수납 테이블을 만들었다. 수납 테이블에는 작은 소품 등을 올리고 패브릭으로 살짝 덮어 주었다.
3 작은 공간도 그냥 지나치지 않는 그녀의 세심함은 여기서도 돋보인다. 냉장고와 김치냉장고를 넣고 난 후 작은 공간이 생기자 그 사이즈에 맞춰 수납장을 만들었다.
4 세탁세재나 주방용 청소 용품을 넣어 두는 공간이 필요하던 차에 눈에 들어 온 곳이 다용도실 세탁기 위 공간. 세탁기 사이즈에 맞춰 나무를 주문해 간단한 선반을 만들었다.
5 냉장고 위 빈 공간에는 김치통 같은 비교적 부피가 큰 주방 용품을 넣어 두었다. 이때 싱크대 리폼 시 떼어냈던 상부장 문을 선반으로 재활용했더니 수납이 더욱 쉬워졌다. 그런 다음 커트리를 이용해 가리개를 만들어 주면 완성.

자투리 공간과 리폼 아이템을 이용한 수납 아이디어

그녀의 아이디어는 수납에 있어서도 반짝반짝 빛난다. 비어 있는 작은 공간이라도 보일라치면 금세 색다른 수납공간으로 탈바꿈시켰다. 냉장고 위 빈 공간도 선반을 넣고 패브릭으로 가려 주어 큰 사이즈의 주방 용품을 수납할 수 있도록 했고, 세탁기 위 빈공간도 선반을 달아 세탁 용품부터 주방 용품까지 다양하게 수납이 가능하게 만들었다. 필요가 있으면 그 필요에 맞춘 아이템을 바로바로 만들어 내는 그녀의 아이디어에 박수를 보낸다.

보일러실 옆 비어 있는 공간에 선반을 달고 따로 문을 만들어 주었더니 빈티지한 수납장이 완성됐다. 문에는 칠판 페인트를 칠해 수납 아이템이 어떤 것들이 있는 지 알려 주는 메모를 적어 놓아 더욱 실용적이다.

1
2
3

두루마리 휴지를 식탁 위에 두고 사용했더니 미관상 좋지 않아 휴지 걸이를 직접 만들었다. 두루마리 휴지 크기에 맞게 나무를 재단하고 사용할 때 편리하도록 경첩과 손잡이를 달아 주었다. 전기 스위치도 자투리 나무를 이용해 커버를 만들어 주었더니 깔끔해졌다.

우드 소품과 패브릭의 내추럴 매치

컨트리 주방을 위한 소품 역시 DIY 반제품이나 자투리 나무를 이용해 만들어낸다. 반제품을 이용하더라도 페인팅은 온전히 자신의 생각대로 표현할 수 있기 때문에 세상에서 하나밖에 없는 소품이 된다는 게 그녀의 생각. 좀 지루해지거나 색다른 아이템으로 바꾸고 싶으면 언제든지 리폼을 할 수 있어 실용적이기까지 하다. 여기에 원단을 잘라 직접 만든 패브릭을 함께 매치하면 아늑한 컨트리 주방이 된다.

1 주방 벽에 걸린 빈티지 액자는 자투리 나무를 이용해 간단하게 만든 것. 자투리 나무에 스테인만 발라 주고 컬러 프린트한 빈티지 라벨을 붙이면 끝. 식탁 위 나무 라디오는 반제품 소품을 만든 것.
2 나무 접시나 트레이, 나무 스푼과 포크 등은 컨트리 주방을 더욱 편안해 보이도록 해준다. 나무를 주 소재로 한 주방에서는 비슷한 소재의 주방 용품을 매치하면 자연스러운 느낌이 난다.
3 내추럴 톤의 컬러가 대부분인 주방에 포인트 컬러로 선택한 비비드 오렌지. 내추럴 컬러와는 다르게 살짝 튀는 컬러이지만 나무 톤과 어울려 어색하지 않고 경쾌한 분위기를 더해 준다.

SHOPPING LIST

리폼에 쓰이는 목재 // 페인트 인포 www.paintinfo.co.kr에서 대부분 구입.
비비드 오렌지 컬러 법랑 // 프랑프랑에서 1만~2만 원대에 구입.
패브릭과 커튼지 // 페인트 인포 www.paintinfo.co.kr에서 대부분 구입.
싱크대 선반 위 찻잔 // 한샘 인테리어 숍에서 구입.
싱크대 앤티크 메탈 타일 // 페인트 인포 www.paintinfo.co.kr에서 구입.

내 손으로 만드는 주방 가구 & 소품

HANDMADE IDEA-1
우편물을 깔끔하게 수납해 주는 우편함

준비하기
거친 판재, 평첩, 경첩, 목공본드, 타카, 페인트, 아크릴 물감, 철망

만들기
❶ 원하는 우편함 디자인을 그린 다음, 디자인에 맞게 나무를 재단한다. 그런 다음 페인팅을 먼저 하는데, 브라운 컬러 스테인을 바르고 민트 컬러 페인트를 덧바른다.
❷ 우편함 뒷면으로 쓸 나무판 2개를 평첩을 이용해 붙인다. 그런 다음 양 옆면으로 쓸 나무판을 목공본드로 고정시킨 다음 타카로 박는다.
❸ 액자 모양으로 만든 앞면은 뒤쪽에서 건타카로 박아 주고 모서리 끝부분에 다시 한 번 타카로 마무리한다.
❹ 먼저 뚜껑을 경첩을 이용해 뒷면과 고정시킨 다음, 철망을 고정시키고 테두리에 파이핑을 둘러 준 앞면을 경첩을 이용해서 고정시킨다.
❺ 원하는 문구를 프린트해서 오려 스텐실 본을 만들어 아크릴 물감을 묻힌 스텐실 붓으로 톡톡 두드려 주면 완성.

HANDMADE IDEA-2
쌈장통으로 재활용 박스 만들기

준비하기
쌈장통, 페인트, 롤러, 붓, 삼나무 목재, 타카, 스테인, 목공본드, 손잡이

만들기
❶ 먼저 쌈장통을 젯소를 2번 정도 바르고 완전히 마른 다음, 원하는 컬러의 페인트를 롤러를 이용해 바른다.
❷ 삼나무를 이용해 뚜껑과 아랫부분의 사이즈에 꼭 맞는 커버를 만든다. 나무판을 위판, 아래판, 그리고 각 면을 잇는 작은 판 4개를 각각 만든다.
❸ 브라운 컬러 스테인을 바르고 완전히 마르고 나면 사포질을 열심히 해준다. 그런 다음 각각을 목공본드를 이용해 붙이고 타카로 고정시킨다.
❹ 뚜껑에 붙일 손잡이에 페인트를 칠하고 마르면 사포질을 살짝 해준 다음 드릴로 고정시킨다.
❺ 아래쪽은 완성된 나무판에 쌈장통을 넣고 드릴을 이용해 고정시켜 주거나 타카로 박아서 안쪽에서 타카심을 구부려 준다.
❻ 원하는 스텐실 본을 만들고 난 후, 아크릴 물감을 묻힌 스텐실 붓으로 톡톡 두드린다.

구조변경 | 부분 시공 | **DIY**

경기 용인시 수지구 동천동 아파트
122m²

주부 | 류정순

KITCHEN DATA
평형	122m² (37평)
스타일	빈티지 컨트리
톤	화이트 + 블루
주방 가구	싱크대 + 식탁 + 수납장
DIY 아이템	싱크대 + 수납장 + 선반 + 소품

목가풍의 빈티지 컨트리로
주방을 색칠하다

주부 류정순 씨의 주방을 알게 된 것은 블로그를 통해서였다. 인테리어에 관심이 있는 이들은 모르는 사람이 없을 정도로 유명하다는 그녀의 블로그에는 다양한 인테리어 DIY 정보로 가득했다. 블로그 속 사진을 보고 있으니 점점 실제 모습이 궁금해졌다. 그렇게 해서 찾아간 그녀의 주방은 블루와 그린, 그리고 다양한 컬러가 믹스되어 경쾌하면서도 목가적인 분위기를 주는 아늑한 공간이었다. 무엇보다 흔히 볼 수 없는 빈티지 싱크대는 한 번쯤 따라해 보고 싶은 생각이 절로 든다.
그녀의 리폼 아이디어는 '실용성'에서 출발한다. 주방 아이템을 수납할 가구가 필요해 수납장을 만들고, 소품들을 올려 둘 선반을 만들고, 채소를 넣어 둘 장을 만들었다. 그리고 대부분을 재활용 아이템을 이용해 리폼을 하는 것. 꼭 필요한 아이템을 큰 돈 들이지 않고 직접 만들고, 버려지는 재료를 많이 이용하니 이보다 더 실용적인 것도 없을 듯하다. 하나둘 직접 만든 가구와 소품으로 주방이 달라지면서 이곳에서 할 일도 자연스레 더 많아졌다. 좀 더 예쁘게 꾸미고 싶은 욕심에 리폼 아이템도 늘어났고, 예뻐진 주방에서 아이들을 위한 요리를 하거나 리폼 아이디어를 구상하는 등 혼자만의 시간을 갖는 일도 더 많아졌다. 그리고 주방은 '오랫동안 머물고 싶은 공간'이 되었다.

블로그 blog.naver.com/peanut0723

그녀의 주방 베스트

빈티지 컨트리 스타일

1
나무 목재 싱크대와 페인팅 타일

체리 컬러 싱크대를 화이트 시트지로 사용하다 목재를 이용해 하부장 문을 바꿔 주었다. 거친 결이 독특한 목재를 재단해서 이어 준 후 페인팅으로 빈티지한 느낌을 더했다. 상부장의 유리문은 옹이 목재로 덧댄 후 스테인을 발라 주었다. 싱크대 타일도 습기에 강하게 만들어진 전용 페인트로 직접 페인팅했다.

2
나무 선반과 수납꽂이, 아기자기한 소품으로 컨트리하게

작은 세면대가 있는 보조주방은 컬러감이 돋보이는 나무 선반과 실용적인 수납 가구, 소소한 소품으로 또 다른 매력적인 공간이 되었다. 작은 소품을 올려놓을 나무 선반은 밋밋했던 벽에 새로운 감성을 넣어 주었고, 주방과 연결되는 창에 선반을 만들었더니 실용적인 수납 코너가 되었다.

3
옹이 패널로 빈티지스럽게 달라진 보조주방 문

체리 컬러에 유리문이 있었던 보조주방 문도 화이트 시트지에 패브릭으로 가려서 사용하다 옹이 패널로 새롭게 변신시켰다. 유리가 있던 부분에 맞춰 옹이 패널을 재단하고 붙인 다음, 화이트 컬러로 페인팅을 하고 손잡이를 바꿔 달았다.

4
반제품으로 탄생한
프로방스풍 식탁과 의자

식탁과 의자는 리폼사이트에서 주문한 반제품으로 만들었다. 조립한 식탁 상판에 타일을 붙이고, 줄눈제로 마감한 후 페인트로 빈티지스럽게 칠해서 완성시켰다. 벤치형 식탁 의자 역시 조립 후 거칠게 페인팅만 해주어 만든 것들이다.

5
주방과 거실 사이의 벽,
근사한 코지 코너가 되다

주방과 거실 사이에 남는 공간에 짙은 그린 컬러 페인트로 칠하고 멋진 수납장과 내추럴한 선반, 그리고 그래픽 스티커를 붙여 주었더니 색다른 코지 코너가 만들어졌다. 수납장은 보조주방에서 사용하던 선반장에 목재를 덧대어 리폼했고, 선반은 삼나무 목재에 스테인을 칠하고 받침대를 달아 완성했다.

6
보조주방에 경쾌한 컬러로
셀프 페인팅하다

아기자기한 옐로 컬러와 화이트 페인팅으로 재미있는 공간이 된 보조주방. 비비드한 옐로 컬러가 칙칙함을 주던 보조주방을 화사하게 바꾸어 주었다. 보조주방 문 뒤편에 간단한 고리를 걸어 두면 소품이나 주방 용품을 걸어 둘 수 있어 실용적이다.

DIY 수납 아이템으로 실용성을 높이다

주방 아이템을 효과적으로 수납하기 위해 다양한 수납장과 선반, 그리고 각종 리폼 아이템을 이용했다. 대부분 수납장에는 문을 달아 수납 아이템이 겉으로 드러나지 않게 하고, 소품 등의 인테리어 효과가 있는 아이템은 오픈 수납장을 이용하는 편이다. 다양한 양념 등은 직접 리폼한 유리병을 이용하는 데 그 가짓수만 해도 10가지가 넘는다. 컨트리 스타일의 싱크대에 맞춰 싱크대 위에는 빈티지 소품을 이용해 다양한 주방용품을 수납하기도 한다.

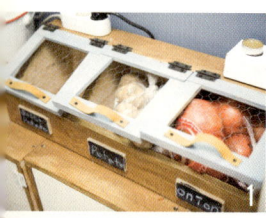

1 냉장고에 보관하지 않아도 되는 채소는 대부분 전용 장을 이용한다. 철망이 있어 내용물을 쉽게 확인하기 좋은 채소장도 그녀가 직접 만든 것. 칸칸마다 목재를 덧대고 간단하게 칠판 페인트를 칠한 다음에 분필로 수납 채소 이름을 써주면 사용하기에도 편리하다.

2 그녀의 주방에는 다양한 크기의 선반이 많다. 여러 가지 소품이나 양념통 등을 올려 두기 위한 것으로, 인테리어 효과는 물론 벽 공간을 이용하는 것이라 주방을 넓게 쓸 수 있다는 장점이 있다. 양념통은 대부분 쓰고 남은 유리병을 재활용해서 만들었다.

3 반제품으로 나오는 수납장에 봉을 달아 새로운 디자인으로 바꾸었다. 책이나 잡지를 수납하기에도 좋고 주방 용품이나 소품을 올려 두어도 떨어질 염려가 없어 실용적이라고. 수납장 뒷면과 봉은 스테인을, 옆면과 앞면은 빈티지 느낌의 페인트를 칠했다.

4 노출되었을 때 보기가 좋지 않은 주방 용품은 대부분 문이 있는 수납장을 이용하는데 이 역시 직접 리폼한 것들이다. 산뜻한 블루 컬러의 수납장은 3단 공간박스 책장에 문을 달고 직접 페인팅해서 만들었다.

5 미송합판 공간박스에 경첩으로 문을 달고 손잡이를 붙여서 수납장을 만들었다. 아이템별로 칸을 나누어서 사용하기에도 좋고, 내부가 드러나지 않아 보조주방이 깔끔해진다. 여기에는 라면이나 간식거리, 안 쓰는 반찬통, 쓰레기봉투 등을 넣어둔다.

수납장과 선반 등 곳곳에 수납 아이템을 매치해 실용성을 강조했다.

리폼 아이템과 빈티지 소품으로 멋내기

주방을 더욱 컨트리하게 만들어 주는 건 다양한 빈티지 소품과 리폼 아이템 덕이다. 녹이 쓴 듯 낡아보이는 철재통이나 오래된 병들도 그녀의 주방에서는 멋스러운 빈티지 소품이 된다. 여기에 직접 목재로 만든 아이디얼한 액자나 아기자기한 소품들이 주방을 이야기 거리가 가득한 공간으로 만들어 주었다.

1. 선반 위에 작은 소품을 여러 개 올려놓는 것이 그녀가 자주 쓰는 데커레이션 팁. 이때 빈티지한 스타일의 소품에는 거친 느낌의 목재를 이용한 소품을 매치하는 것이 잘 어울린다.
2. 로맨틱하거나 심플한 스타일의 흔한 식탁 조명이 아닌 색다른 디자인의 조명이 이채롭다. 수도관에 전구를 연결한 듯한 디자인은 빈티지하면서도 모던한 느낌을 주는 아이템이다. 다양한 스타일을 매치하는 감각이 남달라 보인다.
3. 컨트리한 소품 사이에서 단연 눈에 띄는 것이 바로 이 오리엔탈 서랍장이다. 타일 느낌의 서랍문과 짙은 그린 컬러가 이국적인 느낌을 만든다. 잃어버리기 쉬운 작은 사이즈의 주방 용품을 수납하기에도 안성맞춤.
4. 옐로 컬러의 벽에 어울리도록 그린과 화이트로 칠한 선반을 달고, 그 위에 바다 분위기를 내주는 액자와 작은 병을 올려 두었더니 이국적인 지중해풍 인테리어가 되었다. 선반 뒷면에도 목재를 덧대어 주면 색다른 느낌을 낼 수 있다.
5. 보통 재활용으로 버려지는 유리병도 간단한 아이디어만 더해 리폼하면 근사한 소품으로 재탄생할 수 있다. 깨끗이 씻은 병에 직접 출력한 이미지 사진을 풀로 붙여 주고 그 위에 투명 시트지만 붙이면 된다. 뚜껑은 젯소를 칠한 다음 아크릴 물감을 칠하고 스웨이드 끈으로 마무리했다.

SHOPPING LIST

보조주방 커튼을 만든 패브릭 // 네스홈 www.nesshome.com에서 대부분 구입.
거실 코지 코너 조명 // 비비나라이팅 www.vivina-lighting.com에서 10만 원대에 구입.
리폼에 쓰이는 목재 // 손잡이닷컴 www.sonjabee.com에서 대부분 구입.
싱크대 위 오리엔탈 서랍장 // 인테리어 숍에서 2만 원대에 구입.

내 손으로 만드는 주방 가구 & 소품

HANDMADE IDEA-1
간단한 소품을 넣어 두기 좋은 서랍장

준비하기
반제품 서랍장, 스테인, 네임판, 붓 등

만들기
1. 리폼 사이트에서 주문한 서랍장을 조립한 다음, 전체적으로 스테인을 한 번 바른다.
2. 칸칸마다 다른 컬러의 스테인을 바른 다음 말린다.
3. 서랍칸 앞에 붙일 네임판은 철부식 페인트를 이용해 부식시켜 주고 못을 이용해 고정시킨다.
4. 손잡이도 같은 방법으로 만들어 붙인다.
5. 네임판 안에 원하는 문구를 넣은 종이를 넣어주면 완성.

HANDMADE IDEA-2
옹이 패널로 컨트리하게 변신한 보조주방 문

준비하기
옹이패널, 페인트, 붓, 전기타카, 손잡이 등

만들기
1. 먼저 문 사이즈에 맞춰 주문한 삼나무 옹이 패널을 전기타카를 이용해 세로로 붙인다.
2. 가장 윗부분과 중간, 밑 끝부분에 가로로 옹이 패널을 역시 전기타카를 이용해 붙인다.
3. 화이트 페인트를 나뭇결이 보일 정도로 칠한다.
4. 손잡이는 먼저 기존의 손잡이 피스를 제거해 준 후, 부속품을 넣고 바깥쪽에서 조여 준 다음 손잡이를 역시 같은 방법으로 연결해서 피스를 조여 준다.
5. 문 정면에 베네치아 거울이 달린 고리를 달아주고 패브릭 가방을 걸어 주면 완성.

COUNTRY KITCHEN
전문가 어드바이스

컨트리 주방
시공 & 스타일링 TIP

시공 구조 및 싱크대

DIY 목재는 용도에 맞게 고를 것
싱크대나 선반, 수납장 등을 직접 만들 때에는 목재 선택에 신중을 기해야 한다. 용도에 맞지 않는 목재를 선택할 경우 뒤틀리거나 수축하는 등의 결과를 가져올 수 있기 때문. 특히 싱크대는 물기가 많이 닿는 가구이므로 물에 강한 집성목을 고르는 것이 좋다. 선반은 다양한 종류를 골라도 무방하지만 튼튼하게 사용하려면 원목을 골라야 한다.

DIY 아이템을 오래 사용하려면 바니쉬를 꼼꼼하게 발라야
목재를 사용한 DIY 아이템을 만들었다면 무엇보다 꼼꼼한 마감에 신경 써야 한다. 싱크대 상판은 물이 자주 닿기 때문에 보호막이 되어 주는 바니쉬 마감은 필수다. 그 외 다른 소품들도 바니쉬를 발라 주면 광택이 생기고 물이나 먼지로부터 보호해 주기 때문에 오래 사용할 수 있다.

시공 마감재와 벽면

목재의 느낌을 그대로 살려 둘 것
컨트리풍 주방 인테리어에 가장 잘 어울리는 소재는 단연 목재다. 싱크대나 선반, 수납장, 식탁 등 주방 가구를 나뭇결이 그대로 살아 있는 아이템으로 고른다면 보다 쉽게 컨트리풍에 접근할 수 있다. 소소한 소품 스타일링에 자신이 없다면 주방 가구를 신경 써서 고르는 것도 좋은 방법이다.

주방 벽면 셀프 페인팅만으로도 분위기 변신
당장 싱크대나 주방 가구를 바꾸기 어렵다면 주방 벽면 페인팅에 도전해 보는 것도 좋다. 벽지를 뜯어내지 않아도 그 위에 덧바를 수 있는 페인트가 판매되고 있기 때문에 슥슥 발라 주기만 하면 된다. 대부분의 리폼사이트에서는 다양하게 조색된 페인트를 판매해 컬러 선택의 폭도 넓다. 기존의 벽지 컬러가 진하거나 무늬가 있다면 먼저 프라이머를 칠하고 원하는 컬러의 페인트를 여러 번 칠하는 게 좋다.

스타일링　주방 가구와 소품

기존 가구에 페인팅만으로 컨트리하게
컨트리풍 인테리어에 잘 어울리는 빈티지풍 가구를 직접 리폼해 보자. 기존에 있던 주방 가구를 활용하면 되니 경제적으로도 이득이고 나만의 가구를 가질 수 있다는 점에서 더욱 의미가 있다. 짙은 컬러의 가구라면 프라이머를 바르고 원하는 페인트를 칠한 후 바니쉬로 마무리하면 된다. 컨트리한 느낌을 더하기 위해서는 사포로 문질러 주거나 커터칼로 군데군데 페인트를 벗겨 내 추럴함을 살린다.

작은 소품이나 반제품으로 셀프 인테리어에 도전
주방 가구를 DIY로 만드는 데에는 숙련된 기술이 어느 정도 필요하다. 전문적인 공구를 사용해야 하는 만큼 초보자가 처음부터 도전하기에는 어느 정도 무리가 따른다. 키친타월 걸이, 휴지 케이스, 선반 등 작은 소품부터 시작해 익숙해지면 점점 큰 주방 가구를 만들어 본다. 또는 손쉽게 조립만 하면 완성할 수 있도록 해 주는 반제품을 이용하는 것도 좋다.

조명 하나로 컨트리 주방으로 확실하게 변신
인테리어에 있어 조명이 가지는 힘은 아주 크다. 주방에서도 조명은 큰 부분을 차지한다. 특히 식탁을 비추는 조명은 주방 분위기를 더욱 아늑하게 만들어 줄 수 있기 때문에 디자인 선정에 심혈을 기울인다. 요즘은 온라인 숍에서 다양한 조명을 고르기도 쉽고 설치도 비교적 어렵지 않아 도전해 볼 만하다.

스타일링　컬러와 패턴

컬러는 화이트, 크림, 스카이 블루 등 편안한 느낌으로
주방 벽면이나 소품을 고를 때 컬러 톤은 내추럴하면서도 아늑해 보이는 타입으로 고르는 게 좋다. 화이트, 크림, 스카이 블루 등 파스텔 계열이 무난하게 잘 어울린다. 포인트 컬러를 주고 싶다면 블루 그린이나 톤 다운된 오렌지 계열로 선택하되, 넓은 면적에 사용하지 않아야 한다.

자연을 모티브로 한 패브릭으로 소품 매치
소품은 패치워크가 들어가거나 꽃이나 잎 등 자연 모티브 패브릭이 잘 어울린다. 주방 밸런스, 자주 쓰는 타월, 테이블보, 쿠션이나 방석 등 패브릭을 주방에 두면 좀 더 아늑한 분위기로 연출할 수 있다.

셀프 도배 시에는 전체 컬러와 패턴을 고려
직접 주방 벽에 벽지를 바르기로 결심했다면 먼저, 집 전체 분위기를 고려해야 한다. 거실이나 방 벽지와 어울리는 컬러와 벽지 패턴을 고른다. 천장은 다른 벽지보다 한 톤 밝고 무늬가 없는 것으로 고르되, 거실과 동일한 느낌이 나도록 하는 게 좋다.

SHOP LIST

일본풍의 내추럴 소품 보물창고

미스달 스튜디오 www.missdal.com
영화 〈카모메 식당〉에서 봄직한 소박하면서도 내추럴한 주방 용품이 가득한 곳이다. 일본에서 직접 수입한 다양한 주방 용품이 편안하고 사랑스럽다. 화려한 컬러 대신 보기에도 편안한 내추럴 컬러들이 더욱 세련되어 보인다. 아기자기한 인테리어 소품, 주방 용품, 수납 용품까지 주방에 관한 모든 아이템이 숨어 있다.

DIY 마니아들의 아지트

손잡이닷컴 www.sonjabee.com
셀프 인테리어를 하는 이들이 선호하는 쇼핑몰 중 하나. 다양한 DIY 재료와 반제품, 인테리어 소품 등이 가득하다. 특히 자신의 집 인테리어에 꼭 맞는 패브릭 아이템을 바로 구입할 수 있어 편리하다. 사이트 내에는 리폼 후기가 많이 올라와 있어 초보자라면 참고할 만한 자료들도 많다. 비교적 저렴한 가격도 특징.

다양한 목재를 한곳에서

미즈우드 www.mizwood.com
DIY에 필요한 다양한 목재를 구입할 수 있는 온라인 숍이다. 목재와 각종 부자재, 반제품 등을 구입할 수 있으며, 반제품 아이템들은 간단하게 드라이버만 있으면 조립할 수 있도록 만들어진 것들이 많아 초보자도 쉽게 도전해 볼 수 있다. 저렴한 가격에 목재와 반제품 등을 구입하려는 이들에게 추천할 만하다.

독특한 조명 디자인이 가득한 곳

공간조명 www.9s.co.kr
오브제를 연상시키는 각종 조명들로 감탄사가 절로 나오게 만드는 곳. 유니크한 디자인부터 빈티지, 컨트리, 모던 스타일까지 종류만 해도 무궁무진하다. 유니크한 디자인을 선호한다면 적극적으로 추천할 만하다. 비교적 저렴한 가격은 더 큰 만족거리를 제공한다. 컨트리 주방에 어울리는 레트로풍의 도자기 식탁 등이 특히 인기다.

포근함과 따스함을 전해 줄 패브릭 천국

에버린넨 www.everlinen.co.kr
각종 패브릭 원단이 다양하게 구비되어 있어 주방 커튼이나 테이블보, 방석, 쿠션 등을 제작하려고 하는 이들에게 안성맞춤이다. DIY 패키지 상품과 무료 패턴도 있어 누구나 쉽게 패브릭을 만들어 볼 수 있는 서비스도 함께 제공한다. 핸드메이드 완제품도 판매하고 있어 쇼핑의 폭이 넓다.

| 시트지 전문 쇼핑몰 | **굳-씽크** www.good-think.co.kr
싱크대 리폼을 계획하고 있다면 한번 찾아볼 만한 시트지 전문 숍. 다양한 디자인의 시트지가 있어 자신의 주방 스타일에 어울리는 디자인을 고르기에 좋다. 심플한 화이트 시트지나 목재 느낌의 무늬목 시트지가 인기다. 셀프 시공을 망설이는 이들이라면 시공 문의도 할 수 있다. 견적 신청을 한 후 상담을 받으면 된다. |
|---|---|
| 컨트리 주방 소품과 빈티지 소품이 한자리에 | **맨디스룸** www.mandysroom.co.kr
미국, 호주, 일본 등지에서 공수해 온 다양한 컨트리 스타일의 인테리어 소품이 다양하게 마련되어 있다. 이국적인 빈티지 스타일의 주방 소품들은 주방을 더욱 멋스럽게 데커레이션 해줄 아이템들이다. 한국에서는 많이 알려져 있지 않지만 해외에서는 유명한 인테리어 브랜드 아이템들도 만나 볼 수 있어 더욱 매력적이다. |
| 흔하지 않은 빈티지 소품을 찾는다면 | **엣코너** www.at-corner.com
소박하면서도 색다른 감성을 지닌 빈티지 소품을 판매하는 곳. 컨트리 주방에 어울리는 각종 글라스 소품과 컬러감이 돋보이는 주방 용품이 다양한 것이 특징. 세련되고 현대적인 느낌이 아닌 오래되고 낡아서 더욱 멋스러운 소품들이 주방을 색다른 공간으로 연출해 줄 것이다. 오프라인 매장도 있으므로 직접 구입하고 싶은 이들이라면 한번 찾아보자. 오프라인 매장 02-322-0344 |
| 주방 한켠에 빈티지 소품 하나 | **빈티지카운티** www.vintagecounty.com
나무 주전자와 사인보드 등 컨트리 주방을 아기자기하게 꾸며 줄 빈티지 소품이 가득한 온라인 숍. 낡아서 더욱 멋스러운 메종루즈 키친렉과 브래드 박스 등은 마치 유럽의 시골 주방에 와 있는 듯한 기분을 불러일으킨다. 할인하는 상품도 다양해서 저렴한 가격에 빈티지 소품을 구입할 수 있는 기회도 많다. |
| 빈티지 주방 용품을 만나고 싶다면 | **모리의 작은부엌** www.mori-kitchen.com
일본풍의 내추럴 빈티지 스타일이 빛나는 주방 용품을 판매하는 온라인 숍. 아기자기한 주방 소품이 컨트리한 주방을 더욱 아늑하게 만들어 줄 것이다. 각종 찻잔과 스푼 등의 테이블 웨어를 위한 아이템, 법랑 용품, 일본풍 빈티지 아이템도 비싸지 않은 가격에 만날 수 있다. 보온병이나 주방 타월, 주방 세제 등도 판매한다. |

PART 6

SPECIAL
KITCHEN

다양한 스타일의 주방 탐험을 마치고 궁금증이 생겼다.
과연 요리를 전문적으로 하는 요리연구가들의 주방은 어떨까?
그녀들이 만들어 낸 특별한 요리 만큼이나 색다를까? 오랜 공력으로 탄생한
그녀들의 스페셜 키친을 소개한다.

KITCHEN - 01
noda+ 쿠킹스튜디오

적재적소에 자리잡은
유기적 수납 테크닉

좋은 주방이란? "누구나 삶의 형태가 같지 않잖아요. 그러니 본인 생활패턴에 가장 적합한 주방이야말로 좋은 주방이 아닐까요? 저는 주방에서 많은 시간을 보내다 보니 다른 공간이 작아지더라고 주방이 넓고 유기적이기를 원했죠." noda+ 김상영 실장의 얘기다.
이런 관점에서 본다면 그녀의 주방은 참으로 '좋은 주방'이다. 주방에서의 동선을 고려해 아일랜드와 조리대, 개수대를 삼각형 구조로 잡은 것부터 어디서든 손만 내밀면 닿을 듯 의외의 공간에 차곡차곡 수납된 그릇과 조리 도구들도 색다르다. 이를테면 주로 재료를 손질하는 아일랜드의 하부에는 곧장 손질한 재료를 담을 수 있도록 볼이나, 체, 도마 등을 수납하고 조리 공간으로 들어서는 선반 위쪽에는 바로 꺼내 쓸 수 있도록 냄비를 걸어 두는 식이다.
그중에서도 단연 눈에 띄는 것은 그녀의 주방 한쪽 벽을 가득 매운 커다란 그릇 수납장이다. 홍대의 작업실에서 이곳으로 이전하면서 사용하던 주방 가구를 리폼하기로 마음먹고 하나씩 주방 가구를 만들어나갔단다. 그릇 수납장 역시 그녀의 오랜 공력으로 탄생되었는데, 사용하던 2개의 오픈형 통나무 수납장을 연결해 앞쪽에 미닫이문을 따로 제작해 완성하였다. 그랬더니 먼지가 많이 쌓이는 오픈형 수납장의 단점도 커버되고, 내부가 훤히 보여 공간이 지저분해 보이는 우려도 사라졌다. 공간이 많이 필요한 여닫이문이 아닌 미닫이문을 설치한 것도 기발하다.

1 주방 입구로 들어가는 천장에는 자주 사용하는 냄비를 걸어 두었다. 각기 다른 용도의 팬을 컬러와 소재가 같은 시리즈로 걸어 장식 효과도 높였다.
2 자주 사용하지는 않지만 전시 효과가 있는 뚝배기나 그릇들을 선반 위에 한 형태로 몰아 두어 디스플레이 효과를 가져왔다.
3 조리 공간 바로 옆에 선반을 달아 자주 사용하는 양념을 수납해 언제든 찾아 쓰기 쉽게 배치해 두었다. 사용 빈도수에 기준을 두어 자주 사용하는 양념만 선반 위에 올려놓았다.
4 그녀의 주방에서는 천장도 수납에 활용된다. 공간을 만들어 자주 사용하지 않는 그릇을 올려 두었다.

수납장의 미닫이문만 열고 닫아도 공간의 느낌이 180도 달라진다.

KITCHEN - 02
메이스테이블

상부장을 떼어 싱크대의 몸집을
줄이니 공간도 한결 경쾌해 보인다.

몸집을 줄인
싱크대와
아일랜드의 세트플레이

놀이터 같은 작업실! 푸드스타일리스트 메이의 연희동 스튜디오 첫인상은 그랬다. 노출 콘크리트를 바탕으로 감각적 스타일링이 돋보였던 이전의 부암동 스튜디오와 비교한다면 한결 친근하고 편안해졌다 할까? 초등학생이 된 아이를 따라 학교 가까이로 옮긴 이곳은 그녀의 쿠킹 스튜디오이자 아이의 휴식 공간이기도 하다. 콘셉트 역시 공간의 실용성. 한쪽으로는 아이가 책도 보며 편히 쉴 수 있는 거실 공간이, 한쪽으로는 엄마가 작업을 할 수 있는 싱크대와 아일랜드, 수납장이 펼쳐져 있다.

아이와 함께 사용하는 공간이기에 전체적인 스타일링 역시 무겁지 않도록 했다. 특히 그린 컬러로 색을 맞춘 싱크대와 아일랜드는 한 쌍의 세트플레이 같다. 싱크대 상부장을 떼어낸 자리에 선반을 설치해 접시와 컵 등이 아닌 알록달록 피규어와 아기자기한 양념통만 올려 둔 것도 색다르다.

"발상의 전환이 주는 즐거움이라고 할까요? 수납공간을 아일랜드 하부로 옮기고, 싱크대 상부장을 거두었죠. 벽만 보고 일하는 게 심적으로 불편하잖아요."
이렇게 만들어진 그녀의 작업 공간은 곳곳에서 '엄마와 아이' '고가구와 피규어'가 사이좋게 어울려 있다.

블로그 blog.naver.com/may041208

그녀가 사용하는 그릇 대부분이 오픈형 선반 위로 나와 있다.

1 오랜 시간 그녀가 모아 온 고가구와 그릇들 사이를 신나게 누비는 피규어 인형들. 아이가 갖고 놀던 장난감도 그녀에겐 좋은 소품이 되어 준다.
2 언제고 필요한 주방 가전과 조리 도구들을 즉석에서 사용하기를 좋아하는 그녀는 오픈형 수납을 선호하는 편. 칠판으로 칠한 한쪽 기둥이 좋은 갤러리 공간이 되었다.
3 좁은 공간 활용을 위해 한쪽 싱크대 상판을 떼어낼 수 있게 제작해 그 속에 미니 세탁기를 넣어 두었다. 기막힌 아이디어다!
4 방산시장에서 직접 재료를 사와 만든 싱크대 명찰형 손잡이. 원목과 그린, 스틸이 적당히 잘 어울린다.

우드와 블랙으로 심플하게 제작된
싱크대에서 바로 옆쪽 문만 열고나서면
시원한 '광'이 나온다.

KITCHEN - 03
쿠킹스튜디오 수랏간

주방과 외벽 사이에 태어난 자연 발효 공간

혜화동 주택가 언덕에 쿠킹 스튜디오 '수랏간'이 있다. 이곳은 요리연구가인 김영빈 씨가 살고 있는 집이자 작업공간이다. 그녀의 남편이 직접 설계를 해 지은 2층 주택으로 1층은 작업 공간으로, 2층은 주거 공간으로 사용하고 있다. 작업에 살림과 육아를 동시에 하는 집이다 보니, 집안이 복잡할 수 있을 터. 하지만 그녀의 공간은 깔끔 그 자체다. 모두 숨기는 수납 덕이다. 주방 벽면을 따라 붙박이 수납장을 짜 넣었더니 보다 효율적이다.

약 70평에 이르는 공간 중 그녀가 가장 자랑스러워하는 곳은 다름 아닌 장독대다. "한식은 기다림과 삭힘의 조화라고 하잖아요. 냉장고에서 발효가 이루어진다 해도 깊은 맛은 없지요. 그럴 때 장독이 제격이에요." 고추장과 된장, 간장이 장독대에서 발효된다면, 주방과 외벽 사이에 자리한 광에서는 각종 장아찌와 피클이 익어가고 있다.

약 1.5평 규모의 작은 광은 꽤나 쓸모 있는데, 바닥에 보일러를 넣지 않아 마른 식재료 보관은 물론 저장 음식을 두기에도 적당하다. 광 아래에는 지하실을 별도로 두어 베이킹 도구나 곰 솥, 찜통처럼 평소 사용하지 않는 큰살림을 정리해 둔다.

1 광은 보일러를 설치하지 않아 피클이나 장아찌를 익히기에 그만이다. 쪼르르 병에 담아 벽돌 위에 올려 두었다.
2 현관 오른편에 만들어 놓은 장독대는 수랏간의 자랑거리다.

아일랜드에 매치한 컬러풀한 의자는 직접 조립해 페인팅해 완성했다.

KITCHEN - 04
the DISH

있는 그대로 드러내기 수납의 원칙

"일동 차렷!" 마치 총 사령관의 지시라도 받은 것처럼, 현관문을 들어서자마자 가지런히 줄 맞춰 수납된 조리 도구와 그릇들이 인사를 건네 오는 것 같다. 짙은 비둘기색의 컬러풀한 벽에 알록달록 색을 드러낸 살림살이가 보기만 해도 흥이 나는 이곳은 시누이와 올케의 팀플레이로 소문난 'the DISH'다.
처음 만난 날 "올케~ 달걀지단 좀 부쳐 봐!"라며 손유진 씨의 손재주부터 체크했다는 시누이 정경지 씨. 이날 이후 둘의 호흡은 '환상의 호흡'을 방불케 했는데, 그 좋은 예가 바로 분당에 위치한 이 작업실이다. 두 여자는 약 열흘 밤을 새가며 약 40평에 달하는 이 공간에 도배부터 페인팅을 해가며 공을 들였단다.
"무조건 다 꺼내 놓자! 이게 핵심이었죠. 감추는 수납은 그만큼 활용하기가 어렵잖아요. 그래서 오픈형 수납을 하기로 했죠. 벽을 어둡게 해서 조리 도구나 살림살이들이 눈에 더 잘 띄게 했어요." 모든 살림살이가 밖으로 나와 있지만 절대 복잡하거나 어질러져 보이지 않는다. 여기엔 나름대로의 수납 원칙이 있기 때문. 제각각 자신이 서 있어야 할 자리를 지키며 그 쓰임새를 빛내고 있다.

블로그 blog.naver.com/marijimo2

1 이곳에서는 무엇하나 버릴 것이 없다. 빈 병을 장식해 허브 화분으로 사용한다.
2 먹고 난 캔 제품은 깨끗이 닦아 이렇게 수저통으로 활용된다. 사이즈나 용도로 나누어 놓으니 그 또한 색다르다.
3 공사판에서 직접 구해 온 파벽돌을 쌓아올린 뒤 그 위에 뚝배기용 그릇만 쪼르르 올려놓았다.
4 알록달록 냄비들도 모두 밖으로 나와 바로바로 쓰일 채비를 하고 있다.
5 선반들 모두 철물점을 오가며 직접 만든 것. 어두운 벽일수록 밝은 그릇과 소품을 꺼내 놓는다.
6 벽에 핸디코터를 한 뒤 검은색과 하늘색을 조색해 만든 비둘기색으로 페인팅을 마쳤다. 어두운 벽에는 밝은색의 그릇을 세팅한다.

훔치고 싶은
그녀들의 주방

2012년 3월 15일 1쇄 발행
2012년 4월 27일 2쇄 발행

저 자	//	김하나
펴 낸 이	//	문영애
사 진	//	박신우
디 자 인	//	채상규
출 력	//	달리는 거북이
인 쇄	//	(주)영창인쇄
펴 낸 곳	//	수작걸다
주 소	//	423-789 경기 광명시 소하동 1289 301-901
전 화	//	02-2066-7044
이 메 일	//	suzakbook@naver.com
블 로 그	//	blog.naver.com/suzakbook

값 14,500원
ISBN 978-89-965084-6-5 13590

수작걸다는 '말과 말을 걸다'라는 뜻의 출판 브랜드입니다.

이 책은 저작권법에 따라 보호받는 저작물이므로 무단 전재와 무단 복제를 금지하며,
이 책 내용의 전부 또는 일부를 이용하려면 반드시 저작권자와 수작걸다의 서면 동의를 받아야 합니다.
* 잘못된 책은 바꾸어 드립니다.

KITCHEN - 04
the DISH

있는 그대로 드러내기
수납의 원칙

"일동 차렷!" 마치 총 사령관의 지시라도 받은 것처럼, 현관문을 들어서자마자 가지런히 줄 맞춰 수납된 조리 도구와 그릇들이 인사를 건네 오는 것 같다. 짙은 비둘기색의 컬러풀한 벽에 알록달록 색을 드러낸 살림살이가 보기만 해도 흥이 나는 이곳은 시누이와 올케의 팀플레이로 소문난 'the DISH'다.
처음 만난 날 "올케~ 달걀지단 좀 부쳐 봐!"라며 손유진 씨의 손재주부터 체크했다는 시누이 정경지 씨. 이날 이후 둘의 호흡은 '환상의 호흡'을 방불케 했는데, 그 좋은 예가 바로 분당에 위치한 이 작업실이다. 두 여자는 약 열흘 밤을 새가며 약 40평에 달하는 이 공간에 도배부터 페인팅을 해가며 공을 들였단다.
"무조건 다 꺼내 놓자! 이게 핵심이었죠. 감추는 수납은 그만큼 활용하기가 어렵잖아요. 그래서 오픈형 수납을 하기로 했죠. 벽을 어둡게 해서 조리 도구나 살림살이들이 눈에 더 잘 띄게 했어요." 모든 살림살이가 밖으로 나와 있지만 절대 복잡하거나 어질러져 보이지 않는다. 여기엔 나름대로의 수납 원칙이 있기 때문. 제각각 자신이 서 있어야 할 자리를 지키며 그 쓰임새를 빛내고 있다.

블로그 blog.naver.com/marijimo2

1 이곳에서는 무엇하나 버릴 것이 없다. 빈 병을 장식해 허브 화분으로 사용한다.
2 먹고 난 캔 제품은 깨끗이 닦아 이렇게 수저통으로 활용된다. 사이즈나 용도로 나누어 놓으니 그 또한 색다르다.
3 공사판에서 직접 구해 온 파벽돌을 쌓아올린 뒤 그 위에 똑 배기용 그릇만 쪼르르 올려놓았다.
4 알록달록 냄비들도 모두 밖으로 나와 바로바로 쓰일 채비를 하고 있다.
5 선반들 모두 철물점을 오가며 직접 만든 것. 어두운 벽일수록 밝은 그릇과 소품을 꺼내 놓는다.
6 벽에 핸디코터를 한 뒤 검은색과 하늘색을 조색해 만든 비둘기색으로 페인팅을 마쳤다. 어두운 벽에는 밝은색의 그릇을 세팅한다.

훔치고 싶은
그녀들의 주방

2012년 3월 15일 1쇄 발행
2012년 4월 27일 2쇄 발행

저 자	//	김하나
펴 낸 이	//	문영애
사 진	//	박신우
디 자 인	//	채상규
출 력	//	달리는 거북이
인 쇄	//	(주)영창인쇄
펴 낸 곳	//	수작
주 소	//	423-789 경기 광명시 소하동 1289 301-901
전 화	//	02-2066-7044
이 메 일	//	suzakbook@naver.com
블 로 그	//	blog.naver.com/suzakbook

값 14,500원
ISBN 978-89-965084-6-5 13590

수작걸다는 '말과 말을 걸다'라는 뜻의 출판 브랜드입니다.

이 책은 저작권법에 따라 보호받는 저작물이므로 무단 전재와 무단 복제를 금지하며,
이 책 내용의 전부 또는 일부를 이용하려면 반드시 저작권자와 수작걸다의 서면 동의를 받아야 합니다.
* 잘못된 책은 바꾸어 드립니다.